UAO
Universale d'Avventure e d'Osservazioni

GALLUCCI
20 anni
2002-2022

L'acronimo STEM (Science, Technology, Engineering and Mathematics) indica l'insieme dei saperi cruciali per l'innovazione e lo sviluppo. Chiamiamo libri STEM i testi di narrativa o non-fiction pensati per accrescere le conoscenze dei ragazzi in queste discipline e per abbattere lo steccato che in Italia ancora separa la cultura scientifica e quella umanistica.

Christopher Edge
Aida nell'escape room
traduzione dall'inglese di Loredana Serratore

dello stesso autore:
La lunga notte di Charlie Noon
Le vite infinite di Maia

ISBN 978-88-3624-651-9
Prima edizione italiana ottobre 2022
ristampa 9 8 7 6 5 4 3 2 1 0
anno 2026 2025 2024 2023 2022

Titolo dell'edizione originale inglese:
Escape Room
Pubblicato in accordo con Nosy Crow Ltd

Per i versi citati alle pagg. 78 e 88-89:
Emily Dickinson, *There is another sky, Poems.*

Se non riesci a procurarti un nostro titolo in libreria,
ordinalo su:

galluccieditore.com

MISTO
Carta da fonti gestite in maniera responsabile
FSC
www.fsc.org
FSC® C005461

Il marchio FSC® garantisce che questo volume è realizzato con carta proveniente da foreste gestite in maniera corretta e responsabile e da altre fonti controllate, secondo rigorosi standard ambientali, sociali ed economici. L'FSC® (Forest Stewardship Council®) è una Organizzazione non governativa internazionale, indipendente e senza scopo di lucro, che include tra i suoi membri gruppi ambientalisti e sociali, proprietari forestali, industrie che lavorano e commerciano il legno, scienziati e tecnici che operano insieme per migliorare la gestione delle foreste in tutto il mondo. Per maggiori informazioni vai su https://ic.fsc.org/en e https://it.fsc.org/it-it

Christopher Edge

Aida nell'escape room

Gallucci®

STEM

Ad Alex

"The true object of all human life is play."*

G.K. Chesterton

* Il vero scopo dell'intera vita umana è il gioco.

1

Ecco l'Escape.

È proprio come lo immaginavo: una lama fluorescente che svetta sopra i cupi magazzini privi di finestre che lo circondano. Mentre mi avvicino vedo scintillare le luci a LED sulle superfici a specchio, che catturano il mio riflesso in un caleidoscopio di colori.

Sono euforica. È il mio premio per aver lavorato sodo: una serata avventurosa all'Escape.

Sempre che riesca a trovare l'entrata.

All'inizio mi viene il dubbio che faccia parte del gioco. Giro attorno all'edificio in cerca dell'ingresso, ma vedo solo una sconfinata parete di vetro. È come se chi ha progettato questo palazzo si fosse dimenticato di metterci una porta d'accesso, il che è un po' un problema se ti aspettano all'interno. Forse è per questo che l'hanno chiamato Escape: perché è difficile trovare la via di fuga.

Poi la vedo. A metà parete, quello che credevo fosse un riflesso è in realtà una porta girevole; i pannelli lisci che rivestono il resto dell'edificio sporgono leggermente in fuori formando una curva di vetro perfettamente uniforme. Mi fermo davanti alla porta, che mi rimanda la mia immagine riflessa all'infinito. Poi faccio un passo avanti e spingo il pannello di destra, impaziente di far partire il gioco.

Non si muove. La porta è bloccata.

Sollevo lo sguardo e vedo il globo nero di un obiettivo fissato al soffitto, con un puntino rosso al centro. Qualcuno mi sta osservando.

Faccio un cenno amichevole verso la telecamera.

«Sono Aida Oswald» dico con un sorriso speranzoso. «Sono venuta a giocare».

Mentre aspetto una risposta c'è un attimo di silenzio. Poi la porta girevole scatta, sbloccandosi. Superata questa prima prova, spingo di nuovo il pannello, la porta gira e sono dentro l'Escape.

L'aria si fa subito più fresca e, quando la porta si richiude alle mie spalle, il basso ronzio del traffico all'esterno è sostituito da un silenzio ovattato. Sono in una specie di atrio, un grande spazio circolare che sembra il ponte di un'astronave. Le pareti curve sono increspate dagli stessi schemi di colori riposanti che scintillavano all'esterno, mentre l'ambiente è illuminato da cerchi di luce concentrici che pendono dal soffitto. Al centro dello spazio c'è una reception rotonda, la cui superficie luccica dello stesso biancore che ricopre il pavimento. L'impressione è che possano starci mille persone, qui dentro, ma mi guardo intorno e vedo che ci sono solo io.

Mi dirigo verso la reception, e i miei passi rimbombano nell'atrio vuoto. Pensavo ci sarebbe stato qualcuno ad accogliermi, ma quando arrivo al banco trovo ad aspettarmi solo un badge identificativo.

AIDA

Lo prendo e me lo appunto al petto.

Quando ha prenotato, papà ha detto che questa era la migliore *escape room* in assoluto. Qualcuno li chiama giochi di fuga, ma il funzionamento è lo stesso. Un gruppo di giocatori rinchiusi in una stanza deve scoprire gli indizi e risolvere gli enigmi prima dello scadere del tempo. Mi piace risolvere enigmi, così papà ha pensato che una serata qui dentro sarebbe stata il regalo perfetto. A quanto pare, però, giocherò da sola.

«Ciao».

Per poco non mi prende un colpo.

Mi giro e mi trovo accanto una ragazza. Gli occhi sono nascosti dietro un paio di occhiali da sole rosa shocking, ma il sorriso è ancora più abbagliante. Ha una massa di treccine nere che le ricadono sulle spalle e la pelle scura punteggiata di lentiggini. Indossa una maglietta a maniche corte con l'immagine di una console per videogiochi vintage stampata sul davanti, pantaloni a quadretti bianchi e neri e scarpe da ginnastica verde fluo. Ha stile, la ragazza.

«Lavori qui?» le chiedo.

Lei si toglie gli occhiali, scuote la testa e indica il badge sulla maglietta.

«Mi chiamo Adjoa» dice con un sorriso. «Sono qui per giocare, come te».

Le sorrido anch'io; il suo entusiasmo è contagioso. Provo la stessa euforia di poco fa, quando ho visto l'Escape da fuori. Credo proprio che mi divertirò un sacco.

«Allora? Dove sono gli altri?» chiede Adjoa inarcando un sopracciglio. «Pensavo si giocasse in squadra».

Come in risposta alla sua domanda, sentiamo il ronzio della porta girevole; ci voltiamo e vediamo entrare nell'atrio due ragazzi. Sembrano avere più o meno la mia età – che è anche quella di Adjoa, direi, ora che ha tolto gli occhiali da sole – ma a parte questo non posso fare a meno di notare quanto siano diversi tra loro.

Il primo ragazzo si muove rapido e i capelli chiari, tagliati corti, diventano quasi biondo cenere sotto le luci, mentre avanza risoluto verso di noi. Gli occhi inquieti saettano di qua e di là.

«Quindi sarebbe questo l'Escape?» chiede, e la sua voce rimbomba nello spazio cavernoso. «Non mi sembra un granché».

La sua tenuta, felpa nera con la zip e pantaloni da corsa, potrebbe far pensare che stia andando in palestra, ma probabilmente è frutto di una saggia decisione. Oltre a risolvere enigmi e cercare indizi, nelle escape room a volte si suda anche, per superare prove fisiche. Ci si può trovare a dover schivare fili che fanno scattare trappole o a strisciare attraverso labirinti di laser. Dipende dal tema del gioco a cui si partecipa.

Dall'altra parte dell'atrio, il secondo ragazzo è ancora fermo davanti alla porta e si guarda intorno con aria spaesata. Con quel maglioncino grigio sformato e i pantaloni di velluto a coste color cachi, lui invece non sembra *per niente* pronto a prove fisiche. A meno che non dobbiamo scappare dalla polizia della moda. La mia attenzione, però, è attirata dal cubo di Rubik che tiene in mano e dal modo in cui le sue lunghe dita ruotano distrattamente i pezzi. Guardo incuriosita i motivi colorati che passano rapidi da una faccia all'altra del cubo, riprendendo quelli che scintillano ancora alle pareti.

Il primo ragazzo si avvicina al banco con spavalderia.

«Ciao» provo a dire, ma lui mi ignora e si sporge a prendere altri due badge che non avevo notato prima. Se ne appunta uno con la scritta OSCAR alla felpa e poi si volta indietro.

«Ehi!» grida al ragazzo rimasto a cincischiare davanti alla porta. «Sei tu Ibrahim?»

Sentendosi chiamare, il ragazzo alza gli occhi e annuisce. Ha i capelli scuri e arruffati, tirati indietro, e i suoi lineamenti spigolosi assumono un'aria pensierosa. «Sì, sono io».

Ibrahim corre a unirsi a noi, senza smettere di rigirarsi il cubo tra le mani. Oscar gli porge il badge con stampato sopra il suo nome.

«Grazie» dice Ibrahim appoggiando sul banco della reception il cubo di Rubik risolto, un colore per faccia. Mentre prende il cartellino ci sorride timidamente. «Anche voi siete qui per giocare?»

«Benvenuto nella squadra!» esclama allegramente Adjoa, rivolgendogli il suo sorriso radioso. «Che ne dite di trovarci un nome? Il Quartetto delle Meraviglie, oppure i Fantastici Quattro! Dobbiamo sceglierne uno che stia bene in cima alla classifica»

«Non ci serve uno stupido nome di squadra per vincere» ribatte Oscar con aria di scherno, ma viene interrotto da una nuova voce, che fa un'altra proposta.

«Che ne dite di Five Mind?»

Mi volto, sorpresa, e vedo una ragazza dall'altra parte del banco della reception. Non sembra molto più grande di me, avrà dodici o tredici anni al massimo. Ha i capelli neri e lisci, a caschetto, e sotto la frangia brillano due occhi scuri. Mi ci vuole un momento per capire come si chiama, dal momento che il badge appuntato alla giacca di jeans si confonde in mezzo a tutte le altre decorazioni. Poi lo vedo, nascosto tra le faccine sorridenti, i simboli dei supereroi e quelli della campagna per il disarmo nucleare.

MIN

«Insomma, se davvero questo gioco è difficile come dicono» prosegue la ragazza «per vincere dobbiamo unire le forze».

C'è un momento di silenzio, durante il quale tutti cerchiamo di capire da dove è arrivata. Sulle pareti curve guizzano i mutevoli schemi colorati. L'unica porta è quella da cui siamo passati noi quattro, ma io non ho visto Min entrare da lì.

«Mi piace» dice Adjoa rompendo il silenzio. «È un gioco di parole, vero? Da *hive mind*, ovvero intelligenza collettiva, quando le persone mettono in comune le loro menti. Siamo in cinque e se collaboriamo la nostra intelligenza sarà moltiplicata per cinque».

Min fa sì con la testa. «Magari anche di più» dice. «Tu che ne pensi, Aida?»

Io mi guardo intorno, giusto per essere sicura che non ci sia qualcun altro nascosto da qualche parte. Ma i badge sono finiti. Fermi sotto le luci intense, Adjoa, Oscar, Ibrahim e Min mi guardano. A quanto pare, è questa la mia squadra.

«Per me va bene» dico. «Ma quando inizia il gioco?»

Nello stesso istante, le luci si spengono e i colori che scintillano sulle pareti svaniscono in una sorta di disturbo elettrico. Per un attimo provo un fremito di paura, subito spazzato via da un incontenibile entusiasmo non appena al loro posto compare la faccia di un uomo.

È il momento.

Si comincia.

2

«Benvenuti all'Escape» dice l'uomo. La sua voce riempie l'atrio. «Io sono l'Host, e voi siete stati scelti per salvare il mondo».

Ha il tipico aspetto del giornalista che legge le notizie in tv, ben rasato, con i lineamenti perfettamente regolari. Le pareti si sono trasformate in uno schermo avvolgente e l'Host ci guarda da ogni superficie. Ha i capelli corti e scuri spruzzati di grigio e la faccia solcata da rughe che gli conferiscono un'espressione preoccupata.

«Voi siete l'ultima speranza dell'umanità» prosegue. «Prego solo che riuscirete laddove noi abbiamo fallito».

Vuol farci credere che sia la fine del mondo, ma io non riesco a smettere di sorridere. Questi giochi di fuga cominciano sempre così: il *game master* costruisce una storia e spiega cosa bisogna fare per vincere, che si tratti di entrare nel caveau di una banca per rubare un tesoro di inestimabile valore o setacciare un laboratorio scientifico per scoprire una formula segreta. Ogni escape room prevede una specifica missione. E tra poco sapremo che cosa dobbiamo fare *noi* per salvare il mondo...

Osservo gli altri, le facce illuminate dalla luce dello schermo. Ibrahim scruta intensamente l'Host con la testa piegata di lato, mentre Oscar, accanto a lui, sta con le braccia conserte. Adjoa cerca il mio sguardo, mi rivolge un sorriso entusiasta e poi mi fa un cenno in direzione di Min. Mi volto verso di lei e vedo che ha tirato fuori da chissà dove un taccuino e sta scrivendo come una matta mentre l'Host continua a parlare.

«Dovete trovare la Risposta».

Riesco a sentire la lettera maiuscola nella sua voce, mentre nella parte inferiore dello schermo comincia a scorrere una scritta.

Trovate la Risposta. Salvate il mondo. Trovate la Risposta. Salvate il mondo. Trovate la Risposta. Salvate il mondo. Trovate la Risposta.

«Tutto quello di cui avete bisogno è nascosto nell'E-scape. All'inizio, sfide ed enigmi potrebbero sembrarvi impossibili da affrontare, ma per voi niente è impossibile. Guardatevi intorno con attenzione. Fa tutto parte del gioco. Per trovare la Risposta usate la testa. È questo che serve per salvare il mondo».

Min alza gli occhi dal taccuino. «Se volete che troviamo la Risposta» interviene «non dovreste dirci qual è la domanda?»

Io pensavo che fosse un video registrato, l'Host invece si ferma e rivolge lo sguardo in direzione di Min.

«Abbiamo moltissime domande» risponde scuotendo la testa con aria triste. «E ce ne arrivano di nuove ogni giorno. Domande scottanti, domande da un milione di dollari, ma ora è solo una questione di tempo. Il tempo passa, il conto alla rovescia è partito».

Gli occhi grigi e duri dell'Host ora sembrano fissi sui miei.

«Trovate la Risposta» dice. «Trovate la Risposta prima che sia troppo tardi».

Non capisco cosa voglia dire. Parla per enigmi, eppure io dovrei essere brava a risolverli. Non faccio in tempo a mettere in moto il cervello che Oscar se ne viene fuori con: «Trovate la Risposta, salvate il mondo, detto fatto!» Schiocca le dita e il rumore echeggia nell'atrio. «Allora, cosa stiamo aspettando?»

Si sente un cigolio metallico e la faccia dell'Host comincia a dividersi in due. Adjoa sussulta per la sorpresa mentre gli schermi che rivestono le pareti scorrono rivelando una porta aperta. Dev'essere l'entrata della prima stanza, dove il gioco comincia sul serio.

Oltre la porta c'è il buio totale, ma Oscar sta già attraversando la soglia. Le pareti curve dell'atrio ora scintillano di nuovi colori, le frecce a scorrimento indicano in che direzione andare.

«Sorveglierò ogni vostra mossa» dice l'Host, e la sua voce incorporea fluttua libera nell'aria mentre Ibrahim, Adjoa e Min seguono veloci l'esempio di Oscar. «Il percorso che porterete a compimento nell'Escape vi condurrà da me. Non date nulla per scontato. Mettete tutto in discussione. La Risposta può trovarsi nel posto più impensato».

Corro a raggiungere gli altri, verso la stanza buia.

È ora di salvare il mondo.

3

Faccio un respiro profondo, mentre cerco di far abituare gli occhi all'assoluta oscurità che mi circonda. Riesco a sentire dei rumori nel buio: lo scricchiolio del pavimento di legno e poi un colpo sordo, forte, che sembra una porta che sbatte.

Non ho mai avuto paura del buio, ma è comunque un sollievo quando finalmente una luce si accende e inonda la stanza di un caldo bagliore giallo.

Ci troviamo in quello che ha tutto l'aspetto di un solaio. Dall'alto penzola una lampadina elettrica che illumina un soffitto spiovente e muri intonacati di bianco e coperti di ragnatele. In mezzo, mucchi di apparecchiature elettroniche accatastate alla rinfusa: vecchi computer, tastiere, monitor e *case* a torre. Cavi a nastro multicolori si snodano dall'interno di un sacco per l'immondizia nero, mentre un altro sembra pieno di Cd e Dvd, alcuni dei quali si sono rovesciati fuori e giacciono sparpagliati sul pavimento. Ci sono scatole di cartone e vecchie casse da imballaggio ovunque, tutte piene di componenti elettroniche.

Ogni cosa è ricoperta da uno spesso strato di polvere. Sembra una sorta di cimitero informatico.

Adjoa sta già rovistando tra i mucchi insieme a Oscar, il quale preme tutti i pulsanti che trova.

«Questa è roba d'altri tempi» dice Adjoa, chinandosi a leggere i nomi impressi sui telai di plastica. «Altair 8800, Acorn Atom, Commodore 64. Non sono computer. Sono pezzi d'antiquariato»

«Ecco perché non funziona niente» brontola Oscar, schiacciando l'interruttore di un grosso monitor. Lo schermo rimane spento. «Sono solo rifiuti elettronici».

Mi guardo intorno cercando di individuare la porta da cui siamo entrati. Non ce n'è traccia alle nostre spalle, si vede solo un semplice muro di mattoni. Torno sui miei passi e scruto oltre i mucchi di apparecchiature elettroniche, nel buio in fondo alla soffitta, ma riesco a distinguere solo la sagoma di una vecchia poltrona girata di spalle. Non c'è una porta neanche lì. E comunque non è da quella parte che siamo entrati.

L'unica porta che *riesco* a vedere è una botola al centro del pavimento. Ibrahim ci si è già inginocchiato accanto e sta girando il fermo per cercare di aprirla. Scuote lentamente la testa. «È chiusa a chiave».

Min, accanto a me, scrive sul taccuino.

«Una sola via di fuga visibile» mormora. «Chiusa a chiave»

«È normale» dico, tendendo una mano a Ibrahim per aiutarlo a rialzarsi. «Questi giochi funzionano così. Per trovare l'uscita dobbiamo risolvere gli enigmi»

«Quali enigmi?» sbuffa Oscar mentre strappa i lembi di uno scatolone, ci sbircia dentro per vedere cosa contiene e poi lo spinge via. «Questa non è un'escape room, sembra più una vendita di roba usata».

Dallo squarcio che ha aperto nello scatolone esce una valanga di audiocassette, che cadono a terra con un gran rumore di plastica.

«Fa tutto parte del gioco» dice Min alzando lo sguardo dal taccuino. «Dobbiamo solo capire che cosa fare».

Mi guardo intorno di nuovo. Sotto la luce della lampadina, i *case* ingialliti e i monitor defunti mi fissano come lapidi. Non voglio dargli ragione, ma non riesco a non essere d'accordo con Oscar. Come dovremmo capire che cosa fare se non funziona niente?

Ibrahim raccoglie il capo di un cavo. «Forse basta inserire la spina in una presa».

Oscar lo fulmina con lo sguardo. «Trovate la spina, salvate il mondo» commenta, sarcastico. «Come no, funzionerà di sicuro»

«E sentiamo, tu quale idea brillante avresti?» lo apostrofa Adjoa puntandogli contro un dito. «Se questa roba è qui una ragione ci sarà. Se riusciamo a farla funzionare, forse ci darà un indizio»

«Dobbiamo smontare tutto pezzo per pezzo» risponde Oscar. «Se ci sono indizi nascosti in mezzo a questi mucchi di roba, non c'è altro modo per trovarli».

Adjoa gli lancia uno sguardo di fuoco. «È l'idea più stupida che abbia mai sentito»

«Guarda se riesci...»

«Non possiamo semplicemente...»

«Dammi la...»

Cominciano a parlare tutti insieme. Li osservo incredula, spostando lo sguardo da Oscar ad Adjoa, da Ibrahim a Min. Alzano sempre di più la voce nel tentativo di farsi sentire.

Questa è la mia squadra. Dovremmo collaborare per trovare la Risposta.

Non c'è speranza.

Mi allontano. Papà diceva che questo gioco sarebbe stato divertente, ma si sta rivelando un vero tormento.

Poi, oltre le voci concitate, capto un rumore strano in lontananza. Uno scatto metallico, come quello di una chiave che gira in una serratura.

Guardo subito la botola, ma il rumore non viene da lì.

«Ehi» dico, cercando di attirare l'attenzione degli altri. «Lo sentite?»

Nessuno mi dà retta, sono tutti presi dalle proprie voci.

Si sente di nuovo lo scatto, così mi guardo intorno per cercare di capire da dove arriva di preciso.

All'inizio penso che possa trattarsi di uno dei computer, ma mentre mi faccio strada tra i mucchi di apparecchiature obsolete, mi rendo conto che il suono proviene dal fondo della soffitta. Scruto nel buio, ma non riesco a vedere nulla oltre lo schienale della grossa poltrona.

Mi spingo più avanti. Minuscoli granelli di polvere mi danzano davanti agli occhi e intorno a me le ombre si allungano, ora che copro la luce. Il rumore si fa più forte, simile a quello di denti metallici che si chiudono su un filatoio. Rabbrividisco, mentre le voci dietro di me si smorzano e io concentro tutta la mia attenzione su quel suono, per cercare di scoprire da dove provenga.

E poi lo vedo: l'uomo seduto immobile sulla poltrona. No, non esattamente immobile. Le dita della mano destra, guantata di bianco, tamburellano sullo scrittoio dietro cui è seduto, con colpetti ritmici che mi si insinuano in testa. Al centro dello scrittoio c'è una scacchiera predisposta per il gioco. Alzo lo sguardo verso la faccia dell'uomo, i cui occhi grigio scuro sono fissi nei miei, e il cuore mi salta un battito. Ha il tipico aspetto del mago descritto nelle vecchie fiabe. Barba nera e a punta, un'espressione severa dipinta in volto. Indossa una tunica rosso fuoco, con il colletto e le maniche orlati di pelliccia, mentre i lineamenti scuri sono contratti in un cipiglio sotto un turbante ornato da una gemma.

I miei occhi sono attratti dalla pietra preziosa. Sembra una perla nera con un puntino rosso che brilla al centro. Mi torna in mente la telecamera che ho visto all'esterno dell'Escape e sento in testa l'eco delle parole dell'Host. *Sorveglierò ogni vostra mossa.*

Mi sta guardando.

Le dita dell'uomo smettono di tamburellare, e il silenzio che segue è persino più inquietante.

«Aida!» grida Adjoa dall'altra parte della soffitta. «Che cosa hai trovato?»

«Vieni a vedere» rispondo, tenendo gli occhi fissi sulla telecamera. «Venite tutti».

4

Gli altri mi raggiungono di gran carriera, lasciando da parte ogni discussione, e si radunano intorno allo scrittoio.

«Cos'è?» domanda Oscar. Poi bussa sul tavolo. «Ehi, c'è nessuno?»

L'uomo non si muove, fissa il vuoto davanti a sé con espressione inalterata.

«È il Giocatore di scacchi di Maelzel» dice Min. Gli occhi scuri le brillano di gioia. «Un automa costruito più di 250 anni fa».

Tiro immediatamente un sospiro di sollievo. Sulle prime non avevo capito se l'uomo fosse vero o meno. In alcune escape room sono presenti attori per rendere il gioco più credibile, ma ora che lo guardo con più attenzione vedo la lucentezza della pelle di cera.

«Tipo un robot, intendi?» chiede Adjoa.

«Una specie» risponde Min. «Gli automi erano macchine in grado di riprodurre le azioni degli esseri viventi. C'erano uccelli meccanici e ballerini a molla, ma questi primi robot eseguivano la stessa sequenza di movimenti ogni volta che venivano azionati, invece il Giocatore di scacchi di Maelzel era diverso. Il suo inventore sosteneva che potesse battere a scacchi qualsiasi giocatore umano».

Con un ronzio preceduto da uno scatto, l'uomo muove lentamente la testa da una parte all'altra, e gli occhi incassati esaminano la scacchiera che ha davanti. Trattengo il respiro, aspettando di capire che cosa farà dopo. Il braccio sinistro guizza in avanti con un movimento così improvviso da farmi fare un salto per la sorpresa. La mano, con le dita distese, si abbassa per afferrare un pedone bianco appena di fronte al re, muove il pezzo avanti di due case e lo rimette giù. Mentre il braccio ritorna con uno scatto alla posizione originaria, capisco che cosa dobbiamo fare.

Dobbiamo giocare.

Mi piego verso la scacchiera e faccio avanzare di una casa un pedone nero.

«Ehi!» protesta Oscar ad alta voce. «Chi ha detto che puoi giocare tu?»

Gli lancio un'occhiataccia. «Sono una campionessa di scacchi» lo informo, indicando la spilla che ho appuntata al petto, nella quale si vede un fiero cavallo d'oro sotto le parole GRANDE MAESTRO. «Vuoi vincere la partita o no?»

Questo lo mette a tacere.

È stato papà a insegnarmi a giocare a scacchi. Facevamo partite infinite che potevano andare avanti anche per giorni. L'aspetto che più mi piace del gioco è che bisogna seguire le regole. Ciascun giocatore parte con gli stessi sedici pezzi: otto pedoni, due torri, due cavalli, due alfieri, una regina e un re. E lo scopo è sempre lo stesso: tenere sotto attacco il re avversario finché non può più scappare. Scacco matto.

Per riuscirci, però, bisogna essere abili, pianificare la miglior tattica di attacco dei pezzi avversari e allo stesso tempo difendere i propri. È un gioco che richiede logica, strategia e destrezza, e io sono piuttosto brava in queste cose. Ecco perché papà alla fine ha smesso di giocare contro di me: vincevo sempre.

L'automa si rianima con un ronzio e il braccio sinistro si allunga per prendere un altro pedone. Al suono di uno scatto, gli ingranaggi si bloccano e la mano si riabbassa sistemando il pedone accanto al primo, come soldati in prima linea pronti ad avanzare verso il mio esercito di pezzi neri. Prima ancora che il suo braccio torni in posizione di riposo, però, muovo un altro dei miei pedoni e lo sistemo di fronte al suo.

L'automa si ferma un attimo, la mano sospesa sulla scacchiera, le dita tremanti. Non credo si aspettasse che avrei fatto la mia mossa così velocemente. La testa si muove di nuovo lentamente da una parte all'altra. Sembra stia riflettendo, ma immagino sia solo per fare scena. Poi il braccio torna indietro di scatto, prende un cavallo e fa la sua mossa.

Proprio quella che mi aspettavo.

Catturo il suo pedone.

Adesso sono in vantaggio.

«Bella mossa» dice Adjoa mentre metto sul tavolo il pezzo catturato. Sorrido, ma non faccio neanche in tempo a compiacermi che l'automa contrattacca.

Con l'ennesimo ronzio preceduto da uno scatto, la mano guantata riprende lo stesso cavallo, ma stavolta lo sposta lateralmente e mi cattura il pedone.

«E brava la campionessa» dice Oscar battendomi una mano sulla schiena mentre l'automa posa il mio pezzo dalla sua parte del tavolo. «Bella mossa davvero».

Lo ignoro e mi concentro sulla scacchiera.

Quando si gioca a scacchi bisogna pianificare: capire quali mosse fare per migliorare la propria posizione. La scacchiera è composta da sessantaquattro caselle, dette *case*, che offrono moltissime combinazioni di mosse. Quel che devo fare adesso è scegliere quella giusta.

Muovo uno dei cavalli. Il meccanismo ronza e l'automa fa la stessa mossa, così muovo anche l'altro cavallo.

«Non sono convinta che dovremmo giocare» dice Min in tono impellente.

«In che senso?» chiedo, cercando di non distrarmi mentre l'automa muove l'alfiere.

«Il Giocatore di scacchi di Maelzel era un imbroglio» risponde Min. «Non era una vera macchina. In realtà era una persona in carne e ossa a eseguire le mosse, nascosta alla vista»

«Come nel *Mago di Oz*?» chiede Adjoa. «Adoro quel film». Batte tre volte i tacchi delle scarpe da ginnastica verde fluo. «"Nessun posto è bello come casa mia"».

Tenendo gli occhi fissi sulla scacchiera, muovo il pedone davanti al re avanti di una casa. È tutto pianificato, la strategia prende forma nella mia testa.

«Esatto» dice Min mentre l'automa muove per la prima volta il secondo cavallo. «Ed è solo quando smaschera il vero mago che Dorothy può trovare la via di casa. Forse noi dobbiamo fare lo stesso per trovare la Risposta. Dobbiamo smascherare la persona che controlla la macchina».

La ascolto con un orecchio solo, concentrata come sono sul gioco. Vedo chiaramente la sequenza di mosse che devo fare. Porto avanti il pedone per attaccare il suo primo cavallo.

L'automa si rianima e la mano sinistra prende il cavallo. Gli ingranaggi scattano e lui lo sposta ad angolo retto per catturare un altro dei miei pedoni.

«Sta vincendo» si lamenta Oscar.

Scuoto la testa mentre muovo la regina. «Non credo proprio».

Sotto il turbante, l'automa rotea gli occhi senza vita. Se qualcuno lo controlla come un fantoccio, evidentemente non sa che pesci prendere.

Il braccio sinistro si muove lento e a scatti sopra la scacchiera; prima muove il re e poi una torre per arroccare. Una manovra difensiva, ma non può difendere tutto.

Con un sorrisetto, muovo un pedone e catturo il suo cavallo.

Vantaggio per me.

Mi guardo intorno aspettandomi le congratulazioni degli altri, ma mi accorgo che sono più interessati a quello che sta facendo Min, china davanti allo scrittoio.

«Di solito l'operatore era nascosto qui dentro» dice mentre ispeziona sportelli e cassetti che impediscono la vista dell'interno. «Dobbiamo solo riuscire ad aprirli»

«Io ho trovato questa» dice Ibrahim mostrando una piccola chiave d'argento. «Nella serratura della botola non entrava, ma forse qui funziona».

Si sente un rumore metallico e l'automa scuote lentamente la testa, quasi voglia metterci in guardia da quello che stiamo per fare.

Min infila la chiave nella serratura della parte anteriore dello scrittoio e sento di nuovo lo stesso suono.

«Funziona!» esulta Min. Alza lo sguardo e fa un sorriso. «Ora vediamo chi è davvero il mago».

Ci raduniamo tutti intorno a lei mentre apre lo sportello per rivelare cosa si nasconde dentro lo scrittoio.

Ma non c'è nulla. Niente ruote dentate né ingranaggi, nessuna macchina segreta. Nessun segno di un burattinaio che tira i fili del fantoccio. Lo spazio interno dello scrittoio è completamente vuoto. L'unica cosa che si vede, attraverso una grata in fondo, è la veste rosso fuoco dell'automa.

«Non capisco» dice Min.

Un ronzio attira il mio sguardo verso il giocatore di scacchi. Il braccio sinistro scatta avanti di nuovo, le dita si chiudono intorno all'alfiere e poi lo spostano in diagonale per attaccare il mio re. Quando mette giù il pezzo, dalle labbra esce una parola.

«Scacco».

La voce sembra stranamente umana. Fisso incredula la scacchiera. Non me l'aspettavo. Non mi ero neanche resa conto di essere sotto attacco. Mi chino sullo scrittoio e libero velocemente il re dallo scacco.

Riparte il ronzio e l'automa muove il secondo alfiere dalla fila di partenza. Lo guardo negli occhi, i lineamenti di cera luccicano nel buio. Siamo proprio sicuri che non sia un uomo vero?

Un po' agitata, faccio avanzare un pedone di due case. È una mossa concessa solo quando il pedone si sposta dalla fila di partenza, anche se papà a volte lo dimentica e mi accusa di barare.

Anche l'automa muove un pedone, mettendomi sotto attacco.

Gli altri parlano tutti insieme: mi danno consigli, suggeriscono tattiche, ma io ho bisogno di riflettere.

Muovo l'alfiere in diagonale di una casa, cercando di guadagnare tempo.

Il ticchettio di ingranaggi riprende, ma ora so che il rumore non proviene da nessuna macchina. È tutto un imbroglio, proprio come ha detto Min, uno stratagemma per distrarci. Il braccio dell'automa si muove lento sulla scacchiera e sposta la torre di una casa a sinistra. Forse però il trucco era farci *credere* che non fosse vero.

Non c'è nessun mago da smascherare; solo una macchina da battere. E allora devo vincere.

Muovo il cavallo per attaccare il suo alfiere e lui lo sposta indietro, fuori portata. Muovo il re. Lui cattura il mio pedone, e io il suo. Guardano tutti in assoluto silenzio lo svolgersi del gioco, la danza dei pezzi sulla scacchiera: regina, alfiere, alfiere, torre. Poi all'improvviso va tutto a rotoli.

Dal nulla, la sua torre avanza lungo tutta la scacchiera e mi cattura la regina. Resto imbambolata a guardare la mano guantata che sposta il mio pezzo verso il bordo e poi lo fa cadere dalla sua parte dello scrittoio.

Ora sono davvero nei guai.

La regina è il pezzo più potente degli scacchi. Può muoversi a suo piacimento, in tutte le direzioni e di quante case voglia. Se perdi la regina, vincere è *molto* più difficile.

In un impeto di frustrazione, muovo l'alfiere per catturargli la torre, ma la ripicca non mi fa sentire meglio. Con un nuovo ronzio, l'automa fa avanzare un altro pedone; mi sta lanciando un attacco implacabile.

Io faccio avanzare i miei pedoni, ma ogni mossa sembra solo destinata a ritardare l'inevitabile. La macchina sta vincendo.

Poi Oscar si sporge sulla scacchiera. Prende uno dei miei cavalli, lo fa saltare avanti di due case e cattura la regina bianca.

«Che fai?» lo rimprovero mentre deposita il pezzo rubato dal mio lato dello scrittoio. «Il cavallo può muoversi solo a L, non in linea retta»

«Possiamo barare» risponde lui con un cenno in direzione dell'avversario. «Il nostro amico bicentenario non se ne accorgerà mica».

L'automa scuote bruscamente la testa con un *clic* metallico. Con la mano destra batte tre volte sullo scrittoio, poi allunga la sinistra e rimette la regina al suo posto sulla scacchiera.

«Credo di sì, invece».

Poi l'automa fa la sua mossa, facendo avanzare minacciosamente la torre. Io non so cosa fare, se non muovere i pezzi per reagire ai suoi attacchi esplorativi. Mi sento come se stessi esaurendo il tempo a mia disposizione, mentre le sue mosse somigliano al ticchettio di un orologio. Osservo i pezzi rimasti in cerca di un modo per vincere.

In un angolo, un pedone nero solitario è quasi arrivato dall'altra parte della scacchiera. Guardandolo, ho un'illuminazione. Il pedone sarà anche il pezzo meno potente, ma quando raggiunge il fondo lo si può promuovere in un altro.

Lo sposto avanti di una casa e, con un'unica mossa, lo sostituisco con la regina. Sorrido e faccio un cenno in direzione dell'angolo opposto, dove il re bianco ora è indifeso.

«Scacco matto».

Con il solito ronzio preceduto da uno scatto, l'automa muove la testa da una parte all'altra, mentre gli occhi grigio scuro esaminano la scacchiera. Non c'è via d'uscita. Nessuna mossa che possa evitargli la sconfitta. Abbiamo vinto.

Solleva il braccio destro e per un attimo penso stia

per stringermi la mano. Poi il braccio si abbatte con violenza sulla scacchiera, buttando tutti i pezzi all'aria.

Sopra di noi, le luci diventano rosse e una sirena comincia a ululare.

«Aida!» grida Adjoa. «Che sta succedendo?»

Do un'occhiata in giro: i monitor defunti hanno cominciato a lampeggiare di colpo, mostrando cascate di lettere e numeri e un messaggio ripetuto all'infinito.

SEQUENZA DI AUTODISTRUZIONE AVVIATA

Dopodiché parte il conto alla rovescia.

Mi volto verso gli altri, che hanno gli occhi sbarrati per la paura.

«Mi sa che non avremmo dovuto vincere».

5

Non riesco a pensare, vedo solo lampi rossi mentre il chiasso della sirena sembra coprire tutto. Gli altri se ne stanno lì fermi, paralizzati dallo shock… tutti tranne una.

Ignorando il suono incessante, Min prende tutti i pezzi degli scacchi sparpagliati in giro e li ridispone con cura nelle posizioni di partenza, con le file di pedoni bianchi e neri allineate nuovamente una di fronte all'altra.

«Che stai facendo?» le chiedo con il cuore che mi martella nel petto, mentre la lampadina sopra di noi pulsa di luce rossa.

Dopo aver raccolto da terra un cavallo bianco, Min si piega sulla scacchiera per rimetterlo al suo posto.

«Dobbiamo giocare di nuovo» dice alzando lo sguardo per incrociare quello grigio scuro dell'automa. «Lo facciamo vincere e tutto torna a posto».

Non fa in tempo a pronunciare l'ultima parola che lancia un grido di paura e lascia cadere il cavallo.

La scacchiera è in fiamme, in ogni casella divampa una lingua di fuoco. Non capisco come sia possibile. Ci saranno dei bruciatori nascosti da qualche parte sotto lo scrittoio, e ora qualcuno ha acceso il gas. La veste dell'automa appoggiata sul bordo della scacchiera si incendia, e le lingue di fuoco arrivano a sfiorare la manica di Min, che fa un salto indietro. La trascino via immediatamente, soffocando le fiamme mentre il giocatore di scacchi va a fuoco.

In mezzo al rogo, sento un ticchettio meccanico. Vedo che l'automa alza un braccio e mi punta contro il dito guantato. Oltre le fiamme, la faccia di cera comincia a sciogliersi, ma negli occhi brilla una luce di trionfo.

«Scacco matto» dice, scoprendo i denti in un ghigno sardonico.

Mi guardo intorno disperata, cercando qualcosa per spegnere l'incendio. Ibrahim si mette in azione. Tira giù un telo protettivo da un cumulo di vecchie apparecchiature informatiche, scoprendo una fila di schermi rotti. Ma non appena lo lancia sulle fiamme per spegnerle, il telo prende fuoco e fa una fiammata che si propaga in tutta la soffitta con uno schiocco secco. Il calore è così insopportabile che ci costringe ad arretrare, mentre sposto lo sguardo dalla faccia in fusione dell'automa al messaggio che lampeggia su ogni schermo.

SEQUENZA DI AUTODISTRUZIONE AVVIATA
98... 97... 96... 95...

Cerco di capire cos'è andato storto, la mente va a mille. Questo è l'Escape. Dovrebbe essere un luogo in cui vivere un'avventura, ma la soffitta che va a fuoco non sembra affatto un gioco.

Dal cuore delle fiamme arriva la risata del giocatore di scacchi. Ricorda ancora una specie di mago, ma l'incantesimo che ha lanciato ci sta portando dritti all'inferno. Il turbante ingioiellato gli è scivolato dalla testa, scoprendo un teschio che fonde, ma la perla nera fissata sopra brilla ancora di rosso. Evidentemente la telecamera continua a riprendere. L'Host può vedere cosa sta succedendo.

«C'è qualcosa che non va!» grido nell'obiettivo. «Deve farci uscire!»

Ma il giocatore di scacchi sorride e basta, mentre le fiamme lo divorano.

«Dai, Aida» urla Ibrahim trascinandomi via per un braccio. Lo seguo di malavoglia, passando tra i mucchi di rottami elettronici con il fuoco che avanza. Dall'altra parte della soffitta, Min è già china sulla botola. Mentre cerca di aprirla, vedo che ha delle bruciature sulla manica della giacca di jeans.

«Non serve a niente» dice incrociando il mio sguardo. «È sempre chiusa a chiave!» Sotto la linea scura della frangia, scorgo un fremito di paura. «Dev'esserci sfuggito qualcosa».

La sirena continua a ulularmi nelle orecchie mentre mi guardo intorno per cercare di capire da dove viene il suono. Il soffitto è oscurato da fumo nero, l'odore acre mi soffoca. In fondo alla soffitta c'è l'inferno. Fiamme arancio vivo lambiscono i monitor impilati, che mostrano ancora i numeri lampeggianti del conto alla rovescia nonostante la plastica si gonfi e bruci.

73... 72... 71... 70...

Mi volto dalla parte opposta a quella in cui divampano le fiamme e vedo Adjoa davanti a un grosso computer che sembra arrivato dritto dagli anni Ottanta. Lo schermo verde mostra lo stesso conto alla rovescia.

66... 65... 64... 63...

«Che fai?» le chiedo vedendola schiacciare i tasti in maniera convulsa.

«Sto cercando di fermare il conto alla rovescia» risponde, senza smettere di battere sulla tastiera. «Voglio trovare una via d'accesso, ma finora non ci sono riuscita».

Sto giusto per chiederle cosa posso fare per aiutarla, quando Oscar mi si piazza davanti. Afferra il computer e strappa la tastiera di mano ad Adjoa.

«Non c'è tempo di trovare una via d'accesso» grida scagliando a terra l'apparecchio. «Dobbiamo trovarne una d'uscita!»

Il monitor si disintegra in mille pezzi.

«Idiota!» urla Adjoa voltandosi infuriata verso di lui. «Che cavolo fai?»

«Quello che avremmo dovuto fare fin dall'inizio» ribatte Oscar schiacciando la tastiera sotto il piede. L'involucro esterno si spacca e i tasti si sparpagliano sul pavimento. «Distruggere tutto».

Lo guardo incredula. A quanto pare pensa che fracassando le apparecchiature riusciremo a scappare, ma i numeri che scorrono sugli innumerevoli schermi dietro di lui raccontano una storia diversa. Oltre la caligine di fumo, li vedo lampeggiare.

49... 48... 47... 46...

Che succede quando arrivano a zero?

Mentre Oscar e Adjoa continuano a bisticciare, mi volto a guardare il chiarore rovente del fuoco. Sembra quasi vivo; le cortine di fiamme crepitanti guizzano dal pavimento al soffitto avvolgendo le cataste di attrezzature informatiche. Ogni respiro mi brucia la gola, le nuvole di fumo nascondono alla vista il resto della soffitta. Vorrei correre, ma non c'è nessuna via d'uscita.

«Dobbiamo trovare un estintore» grido, cercando di sovrastare i battibecchi di Oscar e Adjoa. «Bisogna spegnere l'incendio!»

Poco distante, l'involucro in radica di un computer vintage va in autocombustione. Il calore improvviso è così intenso che devo allontanarmi. Scorgo Ibrahim, chino a frugare tra gli scatoloni traballanti in cerca di qualcosa che possa salvarci la vita. Per terra ci sono i cavi e i fili elettrici che si sono rovesciati fuori e circuiti stampati sparpagliati ovunque.

«Guarda qua!» grida voltandosi verso di me.

Spero disperatamente che si tratti di un estintore, invece quello che ha in mano è un dispositivo elettronico. Ha l'aspetto di una console per videogiochi portatile, ma il guscio di plastica grigia non la rende molto invitante.

«Che cos'è?» chiedo mentre Min ci raggiunge.

«È un gioco di scacchi» dice Ibrahim mostrandomi il dispositivo. «E sta riproducendo la tua partita».

Ci sono due gruppi di tasti gommati ai lati di uno schermo LCD grigio-verde sopra il quale è scritto, a lettere rosse sbiadite, il nome della console.

e-CHESS 2000

Appena la prendo in mano vedo comparire sullo schermo pixellato i pezzi degli scacchi, che si muovono secondo una sequenza paurosamente familiare. Pedone bianco in D4, pedone nero in D5, cavallo bianco in C3, pedone nero cattura il bianco. Ibrahim ha ragione: è la stessa partita che ho giocato quando ho battuto l'automa, l'incontro che ha fatto scatenare l'incendio che sta distruggendo la soffitta.

Min, di fianco a me, è sovreccitata.

«Puoi giocare di nuovo la partita» dice mentre i cavalli bianchi e neri si muovono sulla scacchiera.

Annuisco e osservo i comandi. PEZZO PRECEDENTE, MOSSA PRECEDENTE, PEZZO SUCCESSIVO, MOSSA SUCCESSIVA. Schiaccio il tasto per selezionare il pezzo successivo.

«Questa volta però faccio in modo di perdere».

Premo il pulsante MOSSA SUCCESSIVA e cerco di muovere il re, invece vedo avanzare l'alfiere. La stessa identica mossa che ho fatto prima. Schiaccio i tasti con forza, ma non funziona. È come se il computer non volesse farmi giocare. Guardo muoversi sullo schermo i pezzi bianchi e neri nella sequenza prestabilita. So come va a finire la partita, e non c'è modo di fermarla.

«Non funziona» dico sollevando lo sguardo su Min. I suoi occhi scuri brillano della stessa paura che attraversa i miei. «Non mi permette di cambiare il passato».

Dietro Min, una catasta traballante di apparecchiature elettroniche crolla di schianto. Oscar sta ancora fracassando tutto quello che gli capita a tiro, mentre Adjoa gli urla di smettere. Ibrahim, con la faccia imperlata di sudore, osserva atterrito il muro di fiamme che avanza minaccioso verso di noi. Tra le volute di fumo vedo fondersi la plastica delle macchine, mentre il conto alla rovescia prosegue implacabile su ogni schermo frantumato.

33... 32... 31... 30...

Non riesco a pensare. Non riesco a respirare. Papà ha detto che era un gioco, ma sembra piuttosto la fine del mondo.

«Dev'esserci sfuggito qualcosa» grida Ibrahim, sforzando la voce per sovrastare il ruggito delle fiamme. «Stiamo sbagliando approccio».

Do un'occhiata all'e-CHESS 2000, dove continua a svolgersi sempre la stessa partita. I comandi di gioco sono a destra, ma lungo la parte sinistra dello schermo ci sono altri quattro tasti: SETUP, SHIFT, HINT, ESC. Ibrahim dice che ci sfugge qualcosa. Dobbiamo solo capire che cos'è.

Premo con il pollice il tasto HINT e aspetto di vedere quale suggerimento comparirà sullo schermo. Parte il seguente messaggio:

TROVATE LA RISPOSTA. SALVATE IL MONDO.
TROVATE LA RISPOSTA. SALVATE IL MONDO.

Mentre le parole scorrono, vedo i pezzi bianchi e neri che continuano a muoversi sulla scacchiera digitale. La partita non si ferma e il suggerimento non serve a niente. Sappiamo già che dobbiamo salvare il mondo, ma adesso è più urgente che salviamo noi stessi.

«Prova ancora» incalza Min mentre Oscar corre verso la botola.

Premo di nuovo il tasto e il messaggio cambia.

IL TEMPO PASSA.
IL CONTO ALLA ROVESCIA È PARTITO.

È quello che ci ha detto l'Host prima che entrassimo qui dentro. Sollevo lo sguardo e vedo che ormai siamo accerchiati dal fuoco, mentre i numeri lampeggianti continuano a scorrere e gli schermi si fondono.

14... 13... 12... 11...

Non ci è rimasto più tempo. Non c'è via d'uscita.

«Aida!» grida Adjoa tra le fiamme con voce angosciata. «Fa' qualcosa!»

Premo di nuovo il tasto HINT, ma il messaggio non cambia. È come se l'Host si facesse beffe di noi. Mi scervello, cercando di capire cosa fare adesso, ma le sue parole continuano a girarmi in testa.

Il tempo passa, il conto alla rovescia è partito. Fa tutto parte del gioco. Tutto quello di cui avete bisogno è nascosto nell'Escape.

Oscar batte sulla botola chiusa mentre il conto alla rovescia va avanti.

10... 9... 8... 7...

Abbasso gli occhi sulla console e osservo i tasti uno dopo l'altro cercando di capire cosa ci sia sfuggito. E poi lo vedo.

ESC.

Escape.

Ho la risposta davanti agli occhi. *Tutto quello di cui avete bisogno è nascosto nell'Escape.*

5... 4... 3... 2...

Premo forte il tasto ESC e sento la gomma schiacciarsi sotto il pollice.

L'ululato della sirena si interrompe di colpo e al suo posto si sente un forte clangore.

«Si apre» grida Oscar sollevando il portello della botola, accompagnato da un rumore simile a quello di un gigantesco serpente metallico che striscia in un pozzo. Ci accalchiamo intorno all'apertura e scrutiamo dentro, nell'oscurità, poi Oscar scavalca il bordo.

«C'è una scala a pioli» dice, mentre la testa e le spalle scompaiono lentamente alla vista a mano a mano che scende. Non appena la testa di Oscar è fuori portata, anche Min si cala oltre il bordo e il rumore dei suoi passi risuona finché pure lei non scompare. Il successivo è Ibrahim, seguito a poca distanza da Adjoa.

Mi guardo intorno. Sta bruciando tutto. Io ho ancora in mano l'e-CHESS 2000, che ha lo schermo bloccato in una fase di stallo.

«Vieni, Aida!»

Al grido di Adjoa, getto la console nel fuoco. Poi entro nella botola e mi aggrappo alla scala, tirò giù il portello dietro di me e comincio a scendere nell'oscurità.

6

Mentre scendo, piolo dopo piolo, avverto una sensazione di unto sotto le dita e per poco non mi scivola un piede. Non vedo niente; sono immersa nel buio più completo.

Da quando ci siamo lasciati alle spalle la soffitta in fiamme, nessuno ha detto una parola. L'unica cosa che mi fa capire di non essere sola nell'oscurità è il rumore dei passi sotto di me, che vibrano così forte da far dondolare la scala avanti e indietro.

Mi sembra di scendere da un'eternità.

Scrutando nel buio impenetrabile, mi pare di intravedere un barlume di luce. Il chiarore aumenta a mano a mano che scendo, tanto che alla base della scala sembra esserci un cerchio di luce brillante e, raggruppati intorno, tutti gli altri: Oscar, Adjoa, Ibrahim e Min mi guardano dal basso mentre raggiungo gli ultimi pioli.

La scala non arriva fino a terra, quindi alla fine devo saltare. Quando tocco il suolo si solleva una nuvola di polvere e il tonfo dei miei piedi echeggia nell'oscurità.

«Ce l'hai fatta» dice Adjoa. Sorride sollevata e mi tende una mano per aiutarmi a rialzarmi. «Siamo usciti tutti».

Prima che riesca ad aprire bocca per rispondere, però, un forte rumore metallico copre tutto. Arriva dritto da sopra; la scala di metallo viene ritirata e i pioli scompaiono nel buio.

Guardo gli altri. Saremo anche scampati al fuoco ma, mentre cerco di penetrare con lo sguardo il cerchio di luce che ci circonda, mi chiedo che cosa dovremo fare adesso.

«Dove siamo?» sbotta rabbiosamente Oscar. «Non si vede un accidenti quaggiù».

Quasi in risposta alla sua domanda, la luce diventa più brillante e respinge le tenebre, svelandoci dove ci troviamo.

«Uao».

A quanto pare siamo in una specie di biblioteca, la

più grande che abbia mai visto in vita mia. Un labirinto di scaffali si stende in ogni direzione, con ripiani di legno scuro che partono dal pavimento e arrivano al soffitto, stipati di file interminabili di libri. Non riesco a vedere da dove arrivi la luce e, mentre allungo il collo per sbirciare nella parte più alta dello scaffale più vicino, mi rendo conto che non vedo neanche il soffitto. Le scaffalature anonime sembrano estendersi all'infinito. Pare che i libri non finiscano mai.

Mi volto verso gli altri e incrocio lo sguardo di Min, che ha un mezzo sorrisetto sulle labbra.

«Beh, a quanto pare siamo nel posto giusto» dice, camminando verso un grande banco esagonale che si trova al centro dello spazio. Mi ricorda vagamente il banco della reception nell'atrio dell'Escape. Solo che le linee di quello, basso e rotondo, erano pulite e bianche, mentre questo in legno scuro arriva al petto e le sei facce sono coperte da uno strato di sporcizia.

«In che senso?» domanda Oscar in tono brusco. Poi segue Min verso il banco centrale sollevando, mentre cammina, nuvoloni di polvere. «Quei rottami elettronici là sopra erano più interessanti di questa stupida biblioteca. Voglio azione e avventura, non una favoletta della buonanotte»

«Non capisci?» risponde Min facendo un cenno verso gli scaffali scricchiolanti. «Qualunque sia la domanda, troveremo la Risposta nella biblioteca. Dobbiamo solo individuare il libro giusto».

Osservo le scaffalature cavernose. Spingo lo sguardo lungo il corridoio più vicino, ma non riesco nemmeno a vederne la fine. E di questi tetri passaggi che si stendono in ogni direzione ce ne sono decine. Qui dentro devono esserci centinaia di migliaia di libri. Forse addirittura milioni…

«A quanto pare ci aspettavano» dice Ibrahim avvicinandosi al banco impolverato per prendere un mazzetto di biglietti. Li offre a ciascuno di noi e, nel leggere il mio, vedo che il nome è scritto in bianco brillante su uno sfondo nero corvino.

Aida Oswald

Bibliothèque Universelle

ユニバーサルライブラリ

«Che me l'hai data a fare?» chiede Oscar tamburellando con le dita sulla tessera di plastica nera.

«È la tua tessera della biblioteca» spiega Ibrahim

mostrando la sua in modo da far vedere che ce l'abbiamo tutti uguale. «*Bibliothèque Universelle*, la Biblioteca Universale. Se dobbiamo trovare un libro, forse queste ci saranno utili»

«Non mi serve una stupida tessera» ribatte Oscar infilandosela nella tasca della felpa. «Non sappiamo nemmeno se dobbiamo cercare un libro. In questo posto potrebbe anche esserci un passaggio segreto o un oggetto nascosto. Dobbiamo andare in esplorazione».

Oscar si allontana dal banco e si avvia con decisione verso il corridoio più vicino, sollevando altre nuvole di polvere con le scarpe da ginnastica.

«Chi viene con me?» domanda.

Guardo gli altri e vedo che Adjoa alza gli occhi al cielo. A quanto pare Oscar non ha imparato niente dal pasticcio che abbiamo combinato di sopra. Mi torna in mente uno dei proverbi tipici di mio papà, quello che ripete sempre quando cerca di insegnarmi qualcosa e io la prendo come una sfida e finisce che sbaglio tutto.

Chi va piano va sano e va lontano. Chi va forte va incontro alla morte.

Ora so che cosa significa.

«Aspetta un attimo!» grido, e lui si ferma di colpo.

«Prima di commettere altri errori, dobbiamo elaborare un piano»

«E chi è che ha commesso errori finora?» ribatte lui brusco, rivolgendomi un ghigno. «È stata colpa tua se quell'automa si è trasformato in un falò»

«È proprio questo che intendo» dico, cercando di nascondere il fastidio che provo nel sentirmi addossare tutta la colpa. «Pensavamo di fare la cosa giusta, ma mettendoci a giocare di corsa, senza riflettere, abbiamo rischiato grosso. È un miracolo se siamo usciti vivi da quella stanza»

«Nei giochi di fuga, ogni cosa può rappresentare un indizio» mi spalleggia Min. «Su queste tessere ci sono scritti i nostri nomi. Un motivo ci sarà».

Osservo di nuovo la mia, rigirandomela tra le mani. Sul retro c'è un codice a barre, con la sequenza di linee nere parallele racchiuse in un riquadro bianco. La mente va a mille. Di solito i codici a barre contengono informazioni. Forse l'indizio di cui abbiamo bisogno è nascosto qui dentro.

«Avete visto?» dico sollevando la tessera in modo da mostrarla agli altri. «Ci serve un lettore di codici a barre».

Mi volto di nuovo verso il banco imponente. Non c'è nessun bibliotecario che possa aiutarci. E neanche l'ombra di un computer per registrare i libri in prestito. Solo uno spesso strato di polvere a indicare che qui non viene nessuno da anni.

«Venite!»

Il richiamo di Adjoa mi fa voltare di scatto. Si dirige dalla parte opposta a quella di Oscar, dritta verso uno dei lunghi corridoi di libri. A un certo punto, però, si ferma davanti a quello che sembra un cartello indicatore, seminascosto dall'ombra dell'altissima scaffalatura.

Corriamo a vedere che cos'ha trovato, facendo mulinare la polvere sotto i piedi.

Da vicino, mi rendo conto che quello che avevo scambiato per un cartello è in realtà una specie di totem informativo. Sopra una grande base tonda si erge una colonna di metallo nero. Sarà alta due metri e verso la cima si diramano sottili bracci cilindrici che puntano in diverse direzioni. Il mio sguardo però è attirato dal display incassato ad altezza occhi. Mentre gli altri si accalcano intorno al totem, io guardo oltre la spalla di Adjoa per leggere il messaggio sullo schermo curvo.

BENVENUTI IN BIBLIOTECA

POSIZIONARE LA TESSERA QUI SOTTO

Adjoa appoggia la sua tessera nell'incavo posto proprio sotto il display. La sottile linea rossa di un raggio laser passa sul codice a barre e subito dopo compare un nuovo messaggio sullo schermo.

BENVENUTA, ADJOA
HAI UNA PRENOTAZIONE
DIRIGITI AL TUO PUNTO DI RITIRO

Sento un ronzio sopra la testa, guardo in alto e vedo che uno dei bracci cilindrici comincia a girare. Quando si ferma, il dito sottile alla sua estremità indica una delle scaffalature più vicine. All'imbocco del corridoio, una lanterna d'ottone balugina illuminando un cartello con scritto: PER IL PUNTO DI RITIRO A.

Adjoa sorride.

«A come Adjoa» dice, mettendosi in tasca la tessera e girandosi verso di noi. «Beh, ora so dove andare. Anche voi dovete passare le tessere, per vedere se ci danno altri indizi».

Io sono la più vicina al totem, ma non faccio neanche in tempo a preparare la tessera che Oscar si fa largo come una furia.

«Togliti di mezzo» dice brusco, spostandomi con una

spallata e appoggiando la sua tessera. «Se per trovare la Risposta ci serve uno stupido libro, sarò io il primo a trovarlo».

Sullo schermo compare un nuovo messaggio di benvenuto e, con un ronzio, un altro braccio metallico sopra di noi comincia a girare.

BENVENUTO, OSCAR
HAI UNA PRENOTAZIONE
DIRIGITI AL TUO PUNTO DI RITIRO

Il braccio si ferma e indica la direzione opposta alla precedente. Mi volto e vedo una lanterna brillare all'imbocco di un altro lungo corridoio di libri.

Sotto la luce, scorgo alcune parole scritte in oro: PER IL PUNTO DI RITIRO O.

«È dove stavo andando prima» brontola Oscar guardandomi storto. «Te l'avevo detto che la mia idea era giusta».

Lo guardo allibita. Se non fosse stato per me, Oscar neanche l'avrebbe saputo che doveva cercare un libro. Mentre sto ancora pensando a una replica sarcastica, Ibrahim e Min scansionano a turno le loro tessere. Il messaggio sullo schermo dà loro la stessa informazione.

HAI UNA PRENOTAZIONE

DIRIGITI AL TUO PUNTO DI RITIRO

I bracci metallici girano lentamente, indicando una direzione a Ibrahim e un'altra a Min. Ora capisco perché all'inizio il totem informativo mi era sembrato un cartello indicatore: i bracci cilindrici puntano verso i quattro angoli della biblioteca. Pare che le prenotazioni siano pensate per dividerci.

«Vai, Aida» dice Adjoa. «Tocca a te adesso».

Appoggio la tessera e guardo il raggio laser leggere il codice a barre, poi alzo gli occhi per vedere il nuovo messaggio sullo schermo.

BENVENUTA, AIDA

HAI 129.864.880 LIBRI DA RESTITUIRE

SEI SOSPESA DAL SERVIZIO

Non può essere.

Passo di nuovo la tessera, pensando che il totem possa aver fatto un errore, ma il messaggio non cambia.

Adjoa mi si avvicina ed emette un leggero fischio. «Ti faranno pagare una sanzione *stratosferica*».

Non capisco. A parte il fatto che non sono mai stata in

questa biblioteca prima d'ora, figuriamoci se ho preso in prestito milioni di libri. Non ha alcun senso. È impossibile.

Riprendo la tessera da sotto lo scanner e strofino il retro sulla manica. Forse c'è un granello di polvere che ha fatto impazzire il lettore. Poi la rimetto nell'incavo sotto lo schermo e guardo la sottile linea rossa del laser passare di nuovo sul codice a barre.

Niente. Il totem continua a dirmi che ho preso in prestito 129 milioni di libri e non li ho ancora restituiti.

«Vabbè, non posso perdere tempo con degli incapaci come voi» dichiara Oscar avviandosi verso il suo corridoio. «Vado a trovare la Risposta e scommetto che tornerò prima ancora che voi riusciate a capire qual è la domanda».

Lo guardiamo allontanarsi lungo il corridoio di libri rischiarato dalla lanterna, lasciando le impronte delle scarpe da ginnastica sul pavimento impolverato.

Min si volta verso di noi. «Oscar ha ragione» dice. «Dobbiamo andare a ritirare le nostre prenotazioni».

Ibrahim annuisce, ma io mi sento avvampare.

Non è giusto. Tutti gli altri hanno una missione, una prenotazione da ritirare in qualche punto della Biblioteca Universale, mentre io sono stata sospesa. Come faccio a trovare la Risposta se non posso nemmeno giocare?

«Non preoccuparti, Aida» dice Adjoa accorgendosi della mia delusione. «Puoi venire con me. Avrò bisogno di aiuto per raccapezzarmi in questo posto».

La bocca le si increspa in un sorriso quando annuisco con gratitudine.

So che lo dice solo per gentilezza, ma non posso fare a meno di sentirmi sollevata di non dover restare sola. C'è qualcosa di inquietante in questa biblioteca deserta.

«Ci rivediamo qui dopo aver ritirato i libri» dice Ibrahim, stringendo ancora la sua tessera. «Oscar pensa di trovare la Risposta da solo, ma dev'esserci un motivo se ognuno di noi ha una prenotazione».

Mi volto a guardare il totem informativo; il messaggio che comunica la mia sospensione è ancora visualizzato sullo schermo. Non so come questo si inserisca nella teoria di Ibrahim. Forse l'Host vuole farmi sapere che non apprezza il modo in cui gioco.

Alzo la testa e guardo il cartello illuminato dalla lanterna d'ottone che indica la strada per il punto di ritiro A. Mentre Ibrahim e Min si avviano in direzioni opposte, io e Adjoa ci dirigiamo verso il nostro corridoio in questa enorme cattedrale di libri.

È ora di esplorare la biblioteca.

7

«Che ne pensi degli altri?» mi chiede Adjoa. I nostri passi risuonano nel lugubre corridoio che stiamo percorrendo.

Il bagliore sinistro delle lanterne sistemate alla fine di ogni galleria di scaffali illumina particelle di polvere danzanti. Ogni lanterna si accende con un guizzo solo quando raggiungiamo l'inizio della fila successiva. È come se la biblioteca non volesse farci vedere quel che ci aspetta.

«Non lo so» rispondo. La domanda di Adjoa mi fa perdere la concentrazione mentre mi sforzo di vedere al buio. «Tu invece che ne pensi?»

«Ibrahim mi piace» risponde lei senza esitare. «Mi piace il modo in cui osserva le cose. È stato lui a trovare la console con il gioco degli scacchi e le tessere della biblioteca. C'è bisogno di uno come lui in squadra. Un *osservatore*. Uno che riesce a vedere le cose che sfuggono a tutti gli altri».

Annuisco. Adjoa ha ragione. Se non fosse stato per lo spirito d'osservazione di Ibrahim saremmo ancora in quella soffitta in fiamme. Al solo ricordo del ruggito del fuoco mi si accappona la pelle. Non riesco a credere che l'Host ci abbia quasi fatti arrosto.

«Min è quella intelligente» prosegue Adjoa contando i nomi degli altri sulle dita della mano sinistra. «Sapeva tutto su quel Giocatore di scacchi di Marzapane, o come cavolo si chiamava. Non fa altro che scrivere su quel taccuino. Per quanto mi riguarda, è lei il cervello della squadra».

Non posso fare a meno di sentirmi un po' offesa dal fatto che Adjoa ritenga Min più intelligente di me. Dopotutto, sono stata *io* a capire che bisognava premere il tasto ESC per uscire dalla soffitta. Comunque non ho modo di ricordarglielo dal momento che è già passata a dirmi cosa ne pensa di Oscar.

«Siamo stati sfortunati a ritrovarci uno come *lui*»

dice. Il modo in cui sottolinea l'ultima parola mi fa capire chiaramente di chi sta parlando. «In un'escape room ci sono i giocatori bravi a trovare gli indizi, quelli abili a risolvere gli enigmi, e poi ci sono quelli a cui piace solo muoversi a casaccio e fare disastri. È così che si comporta Oscar. È il classico *distruttore*. Userà sempre la forza bruta invece del cervello. Bisogna solo cercare di tenerlo a bada per evitare che rovini il gioco a tutti».

Si accende la lanterna successiva, illuminando le gallerie davanti a noi, identiche a tutte le altre. Appoggiata a uno scaffale c'è una scala a pioli scorrevole che permette di raggiungere i ripiani più alti, ma quando alzo lo sguardo verso la cima mi domando se qualcuno si azzardi davvero ad arrampicarsi fin lassù.

«E io?» chiedo voltandomi di nuovo verso Adjoa. «Qual è il mio punto di forza?»

Lei incrocia le braccia al petto e si mette a squadrarmi da capo a piedi.

«Tu sai fare un po' di tutto, credo. Sei intelligente come Min, brava a osservare come Ibrahim e non hai neanche paura di tenere testa a Oscar». Sulle labbra le affiora un sorrisetto furbo. «Suppongo che questo faccia di te la capitana della squadra».

Mi sento arrossire, un calore improvviso mi accende le guance.

«No, grazie» dico, respingendo i suoi complimenti con un cenno di diniego. «Non abbiamo bisogno di un capitano».

Adjoa sembra sul punto di ribattere, ma io la anticipo rigirando la domanda su di lei.

«E che mi dici di te?» le chiedo, mentre un'altra lanterna si accende per illuminarci il cammino. «Qual è il tuo contributo?»

«Qual è il mio contributo?» Adjoa sorride. «Io sono l'arma segreta della squadra. Una via di mezzo tra Lara Croft e Indiana Jones, ma con più stile. Fosse mortali piene di serpenti? Nessun problema. Piovono spade e rotolano massi? Sono pronta. Statue esplosive? Fatemi un fischio. Sono nata per l'avventura. Questo gioco è fatto per me.

«Forza» dice infine, affrettando il passo mentre proseguiamo la maratona lungo il corridoio. «Altrimenti gli altri arrivano prima di noi e ci tolgono tutto il divertimento».

È strano pensare agli altri che, in questa stessa biblioteca, cercano tutti la stessa cosa. Lascio andare avanti Adjoa e faccio scorrere il dito lungo uno scaffale, sfiorando le coste rilegate in pelle di cui è pieno zeppo. Nell'aria aleggia un odore di muffa, così forte che mi sembra di avere il naso dentro i libri. Alla luce della lanterna, leggo i titoli sui dorsi, tutti scritti con lettere dorate: *I ghiacciai ascoltano? I sottomarini nuotano? Perché le cose non cadono giù?* Dovremmo cercare la Risposta, ma io qui vedo solo stupide domande.

Mi fermo un attimo e prendo uno dei volumi dallo scaffale. La rilegatura di pelle rossa è consumata dal tempo, ma per lo meno le lettere screpolate del titolo non pongono nessuna domanda.

L'ESPRESSIONE DELLE EMOZIONI
di Charles Darwin

Sembra uno di quei libri antiquati che papà cerca sempre di farmi leggere. Quelli che crede mi affinino la mente. Come quella volta che mi ha dato l'opera completa di William Shakespeare e poi si è seccato perché mi ha beccata a leggere la guida strategica di *The Legend of Zelda*. Dice che devo ampliare i miei orizzonti, ma non vedo perché io non possa farlo con un videogioco.

Sfoglio il libro, che si apre a una pagina con un'immagine: la fotografia color seppia di una bambina, che strizza gli occhi e spalanca la bocca. Sembra stia piangendo, colta com'è nel bel mezzo di un urlo, ma osservando meglio comincio a pensare che forse, invece, stia ridendo.

È come se la fotografia avesse colto due emozioni opposte. Le espressioni mi sembrano così simili. La bambina urla, ma sono urla di gioia o di disperazione? Sfioro distrattamente la fotografia con un dito e resto senza fiato quando sento una lacrima scorrere sulla pagina.

Fisso la bambina a bocca aperta, cercando di capire se è reale, poi vedo comparire una scritta sotto la foto...

Sai cosa si prova a provare qualcosa, Aida?

Chiudo il libro di scatto, sprigionando un'altra nube di polvere. Le parole erano stampate sulla pagina, ma era come se potessi sentirle in testa. Sembrava la voce dell'Host, che mi sussurrava in un orecchio.

«Aida!»

Il grido di Adjoa mi fa riprendere dallo spavento. Rimetto velocemente il libro nello scaffale, mi volto e la vedo a una ventina di metri da me. È proprio sotto un'altra lanterna d'ottone, che con la sua luce sinistra mi mostra una parete di scaffali vuoti.

È un vicolo cieco.

Mi sento mancare, pensando che abbiamo preso la direzione sbagliata, ma poi Adjoa si sposta e vedo un cartello.

BENVENUTI AL PUNTO DI RITIRO A

«Ci siamo» dice.

8

«Ma il libro dov'è?» chiedo, perlustrando disperatamente gli scaffali in cerca di qualche traccia della prenotazione che dovrebbe essere qui ad aspettarci.

«Non lo so» risponde Adjoa, con le mani e le ginocchia sporche di polvere mentre si rialza dopo aver controllato lo scaffale in basso. «Dev'essere qui da qualche parte».

Mi guardo alle spalle. Le altissime scaffalature allineate lungo il nostro percorso sono di nuovo avvolte nell'oscurità. L'unica luce ancora accesa arriva dalla lanterna fissata sopra il cartello che ci accoglie al punto di ritiro A. Nemmeno quando mi volto indietro ed esamino gli scaffali vuoti che segnano la fine del corridoio cieco trovo qualcosa da prendere.

«Forse il totem informativo ha sbagliato» dico, ricordando i milioni di libri che secondo il sistema avrei preso in prestito senza restituirli. «Forse questo non è il posto giusto».

Adjoa solleva lo sguardo e osserva gli innumerevoli ripiani che si perdono in altezza.

«Non abbiamo ancora guardato dappertutto».

All'estremità della libreria vuota c'è un'altra scala scorrevole. Mi aspetto che Adjoa si metta in azione, invece lei si volta verso di me.

«Puoi cercarlo tu, Aida?»

Abbasso lo sguardo e vedo che mi porge la sua tessera.

Scuoto la testa, pensando che lo faccia di nuovo per gentilezza.

«È la tua prenotazione» dico, allontanandole la mano con delicatezza. «Non la mia. Devi essere tu a trovarlo».

Al mio rifiuto, però, Adjoa reagisce con una smorfia e un'ombra di sofferenza le attraversa il viso. Dà un'occhiata nervosa alla scala, i cui pioli di legno sono coperti da un sottile strato di polvere.

«Io… non posso» balbetta. «Non ce la faccio».

Sono confusa. Finora è sempre stata lei a prendere l'iniziativa, ma ora sembra bloccata. Poi mi spiega il perché.

«Soffro di vertigini».

La guardo di traverso. «Come sarebbe a dire che soffri di vertigini?» le chiedo con malcelata incredulità. «Ma se sei scesa dalla scala della soffitta, e quella sì che sembrava lunga un chilometro»

«È diverso» risponde lei leggermente imbronciata. «Al buio non vedevo dov'ero». Guarda di nuovo i ripiani sterminati, illuminati da una luce sinistra. «Qui è un'altra cosa».

Mi tende di nuovo la tessera guardandomi con aria mesta. «Ti prego, Aida. Cercamelo tu».

Adjoa ha detto di essere nata per l'avventura, come Indiana Jones, ma a quanto pare la sua paura segreta è l'altezza, non i serpenti.

Prendo la tessera e me la infilo in tasca insieme alla mia.

«D'accordo» dico, e vado a prendere la scala. «Ma non c'è nessuna garanzia che io trovi qualcosa lassù. Potrebbe rivelarsi una falsa pista»

«Grazie, capitana» dice Adjoa con un sorriso di sollievo. «A buon rendere».

Comincio ad arrampicarmi e i pioli di legno emettono scricchiolii di protesta.

«Ti tengo ferma la scala» dice Adjoa posizionandosi sotto di me non appena le mie gambe sono abbastanza in alto. «Così sei sicura che non si stacca dallo scaffale»

«Non ci pensavo neanche» mormoro mentre continuo a salire. «Almeno finché non l'hai detto».

Guardo in su e vedo una parete perpendicolare di mensole che si innalza verso il soffitto. Come per le altre scaffalature, non si vede la fine; i ripiani più alti scompaiono nell'oscurità. Mentre procedo verso il successivo, ho la sensazione che la scala tremi.

Ecco il problema della paura. È contagiosa.

Abbasso gli occhi tenendomi alla scala un po' più forte e cerco nello scaffale di fronte a me. Non c'è bisogno di guardare in alto o in basso, posso tenere lo sguardo fisso in avanti e controllare un ripiano dopo l'altro a mano a mano che vado su. Però ogni scomparto impolverato è vuoto; non c'è segno del libro prenotato di Adjoa.

Mentre salgo, la polvere mi si sgretola sotto le dita. Sembra che nessuno usi questa scala da anni, quindi com'è possibile che ci sia qualcosa da ritirare qui?

«Non vedo niente» grido, sperando quasi che Adjoa mi dica di lasciar perdere.

Ma non ho fortuna.

«Continua a cercare» risponde. La sua voce sembra ancora più lontana di quanto mi aspettassi. «Ricorda che tutto può far parte del gioco. Persino gli scaffali vuoti potrebbero celare un segreto. So che troverai qualcosa, Aida. Me lo sento».

Avverto una goccia di sudore scendermi lungo la fronte al ricordo delle parole dell'Host, che mi risuonano ancora nelle orecchie. *Fa tutto parte del gioco.* Mi torna in mente il libro con la fotografia della bambina, con la lacrima che sembrava scorrere sulla pagina. Ho l'impressione che le parole che ho letto mi bisbiglino di nuovo nel cervello. *Sai cosa si prova a provare qualcosa, Aida?*

Annuisco mentre continuo a salire. Provo paura.

L'Host ha detto che avrebbe sorvegliato ogni nostra mossa. Ma nella prima stanza ci ha quasi lasciato morire tra le fiamme. La scala traballa mentre allungo la mano per afferrare il piolo successivo. Se sta guardando, mi prenderà nel caso dovessi cadere?

Non mi azzardo a guardare giù per controllare quanto sono salita in alto. Continuo a cercare e basta, uno scaffale alla volta. Alcuni sono contrassegnati con una sola parola scritta in un portatarghetta di ottone fissato sul bordo del ripiano: ZOOLOGIA, FILOSOFIA, SCIENZE, STORIA e così via. Tutto lo scibile umano, classificato e organizzato dentro la biblioteca. Min pensava che avremmo trovato la Risposta qui, ma ogni etichetta che vedo cataloga soltanto un cumulo di polvere. Gli scaffali sono vuoti.

Mi fermo un secondo e guardo in su per vedere quanto mi resta da salire. La scaffalatura prosegue inoltrandosi nel buio, la parete perpendicolare di mensole ripida tanto quanto prima. Mi sento mancare. Che senso ha continuare ad arrampicarsi se non arriverò mai in cima?

Poi lo vedo, un volumetto mezzo nascosto in un angolo del ripiano, quasi fosse stato spinto fuori dalla visuale. Tenendomi ben salda alla scala con una mano, allungo l'altra per prendere il libro. È coperto da uno spesso strato di polvere ma, quando la tolgo, il titolo inciso sulla copertina in lettere verde-oro si legge chiaramente.

Un tesoro naturale

Vengo travolta da una sensazione di euforia. Dev'essere lui.

So che dovrei scendere subito e mostrare ad Adjoa quello che ho trovato. È la sua prenotazione, dopotutto. Tuttavia non riesco a resistere alla tentazione di aprire il libro per vedere di cosa parla. Nell'oscurità riesco a malapena a leggere questi versi irregolari.

C'è un altro cielo,
sempre sereno e bello,
e c'è un'altra luce del sole,
benché faccia buio laggiù;
non curarti delle foreste avvizzite,
non curarti dei campi silenziosi;
qui c'è una piccola foresta
la cui foglia è sempre verde...

A mano a mano che vado avanti con la lettura, però, le parole sembrano scivolare via dalla pagina. Sbalordita, guardo l'inchiostro nero trasformarsi in polvere e, mentre soffoco un urlo di sorpresa, i granelli volano in aria. Rimango a fissare il libro, la pagina ora bianca, intonsa.

Mi sento male e comincio a sfogliare velocemente il volumetto, pensando di aver fatto qualche errore. Da ogni pagina, però, cola una cascata di polvere e, sforzando la vista al buio, vedo che ora sono *tutte* vuote.

Non so come sia potuto accadere, ma mentre mi spremo le meningi per capirci qualcosa, noto che l'oscurità sembra farsi più fitta. Alzo gli occhi cercando di capire perché, e la paura mi stringe la gola.

Pare che il buio cada dall'alto, ma poi capisco.

Non è buio. È polvere.

9

«L'hai trovato?» mi chiede Adjoa. La sua voce impaziente mi gorgoglia nell'orecchio appena tocco terra.

Mi volto e infilo la mano in tasca per recuperare il libro, le nocche ancora bianche dal tanto stringere la scala.

«Ho trovato questo» le dico, porgendole il volumetto rilegato in pelle.

Lei comincia a sfogliarlo e il suo sorriso entusiasta brilla nonostante il buio. Via via che gira le pagine, però, assume un'espressione sempre più seria, finché si ferma e mi guarda con aria interrogativa.

«È vuoto» dice perplessa, aggrottando la fronte. «Dentro non c'è scritto nulla».

Il cuore mi batte a mille. «Qualcosa c'era» dico, provando a spiegare esattamente quello che ho visto. «Una poesia, credo. Ma appena l'ho letta le parole si sono trasformate in polvere. Ogni pagina la stessa cosa. Era come se il libro venisse cancellato».

Persino mentre parlo ho l'impressione che diventi sempre più buio. Stendo la mano e guardo atterrarci sopra la polvere. Ogni granello sembra scintillare alla luce della lanterna e, guardando in su, vedo che continuano a cadere come pioggia. Da dove arrivano?

Nella mente mi si insinua un pensiero terribile. Vado verso le scaffalature immerse nell'oscurità; le mensole piene zeppe sono nettamente in contrasto con quelle vuote del punto di ritiro A. Sempre più turbata, tiro fuori un po' di libri e li rovescio per terra. Sulle copertine in pelle consunta, le lettere dorate dei titoli sembrano comporre un messaggio indirizzato a me: *Che cosa abbiamo fatto*; *L'ultimo avvertimento*; *Questo cambia tutto.*

«Che fai?» grida Adjoa.

Quando mi chino per sfogliarli, però, la risposta mi si strozza in gola. Dai libri si alzano nuvole di fuliggine come nebbia. Tossisco, agitando la mano per ripulire l'aria, ma quando riabbasso gli occhi le pagine sono vuote. Non è rimasta neanche una parola, solo polvere.

Accanto a me viene proiettata un'ombra, così guardo in su e vedo che Adjoa mi ha raggiunta. Il sorriso è scomparso e nei suoi occhi vedo la stessa paura che provo io.

«Qui sta succedendo qualcosa di brutto» dico rialzandomi. «Dobbiamo tornare indietro».

Cominciamo a correre, ripercorrendo all'inverso il buio corridoio. Al nostro passaggio, una dopo l'altra, le lanterne d'ottone si accendono, ma la luce che proiettano adesso sembra avvolta nelle ombre. Granelli neri mi danzano davanti agli occhi mentre vedo svanire pian piano sotto una coltre di polvere le impronte che abbiamo lasciato. Mi tiro su il colletto della maglietta per coprirmi naso e bocca.

«Forse arriva dall'incendio nella soffitta» dice Adjoa respirando a fatica mentre corriamo.

Scuoto la testa, anch'io non respiro bene. «Sono i libri».

Mi sembra di correre da un'eternità e i nostri passi pesanti sollevano continue nuvole di polvere. Quando abbiamo percorso il corridoio la prima volta, i libri erano allineati in ordine sugli scaffali. Ora però li vedo disseminati ovunque. Pare che la biblioteca sia stata messa a soqquadro, i volumi tirati giù dagli scaffali e sparpagliati per terra. È tutto coperto da uno strato di polvere che aumenta a vista d'occhio.

Cerco di guardare avanti nonostante l'oscurità si faccia più densa e vedo che tra le scaffalature altissime comincia a esserci più spazio. Evidentemente ci stiamo avvicinando al punto da cui siamo partite. Sento delle voci in lontananza, che diventano via via più forti. Spero solo che gli altri abbiano avuto più fortuna di noi.

«Aida!»

Il grido di Ibrahim ci accoglie mentre raggiungiamo lo spazio aperto, mi volto e lo vedo fermo accanto al totem informativo. C'è anche Oscar, che fissa lo schermo; i sottili bracci cilindrici che si diramano dal tronco non offrono alcun riparo dalla polvere che cade tutto intorno.

«L'avete trovato?» chiede Ibrahim mentre io e Adjoa cerchiamo di riprendere fiato.

Ha in mano un libro e lo riconosco immediatamente.

Un tesoro naturale

È lo stesso libro che ho trovato io al punto di ritiro A. Adjoa tira fuori di tasca la nostra copia. «L'abbiamo trovato» dice, e lo sfoglia velocemente per mostrare a Ibrahim le pagine bianche. «Ma non ci dice niente»

«Il mio è uguale» ribatte Ibrahim. «All'inizio, quando l'ho aperto, mi pareva di aver visto qualcosa, ma le parole si sono come trasformate in polvere».

Ripenso a quando ho tirato fuori il libro dall'oscurità dello scaffale. C'erano delle parole anche in quello di Adjoa, versi irregolari impressi nella mia mente.

Il rumore del pugno di Oscar contro lo schermo mi rovina la concentrazione. Mi volto e vedo che brandisce lo stesso volumetto.

«È inutile» grida. «Ho cercato di scansionare il libro un milione di volte, ma lo stupido totem continua a ripetere sempre la stessa cosa».

Sbircio oltre la sua spalla e leggo il messaggio visualizzato sullo schermo.

PRENOTAZIONE NON RICONOSCIUTA
SI PREGA DI RIPROVARE

«Questi libri sono una perdita di tempo» grugnisce. «Lo sapevo che Min diceva solo fesserie: non troveremo qui la Risposta»

«Dov'è Min?» chiedo, rendendomi conto all'improvviso che non ci siamo tutti.

«Non lo so» risponde Ibrahim. «Ci siamo separati, ricordi?»

Per tutta risposta, la biblioteca sembra emettere un ringhio, un rimbombo basso che scuote l'aria. Alzo lo sguardo verso la nube in ebollizione sopra di noi, una massa di polvere che gira vorticosamente e diventa sempre più scura. Quando i granelli mi atterrano sulle labbra, rabbrividisco e me li scuoto subito di dosso.

«Qui le cose si mettono male» grida Adjoa, cercando di sovrastare il clamore. «Molto male».

Mi guardo intorno e vedo il banco esagonale al centro della biblioteca, ancora senza personale. Non c'è nessun bibliotecario pronto a zittirci. Non so che cosa dovremmo fare adesso. Il mio unico istinto è quello di scappare.

Allungo il collo cercando di vedere qualcosa oltre il labirinto di scaffali. Ed ecco che vedo Min sbucare da un corridoio con passo incerto.

10

Min viene verso di noi barcollando, la faccia grigia di polvere.

La raggiungo giusto in tempo per afferrarla prima che cada a terra. Si accascia tra le mie braccia a peso morto.

«Sta male?» chiede Ibrahim correndo al mio fianco per aiutarmi a metterla seduta, appoggiata contro il banco della biblioteca.

«Non lo so» dico, e vedo che sbatte le palpebre.

Alle mie spalle compare Oscar. «Ha trovato qualcosa?» chiede. «L'ha trovato il libro?»

Adjoa fa per zittirlo, ma poi Min sbarra gli occhi.

«Ho trovato il libro» risponde, le parole le escono di bocca accompagnate da un risolino. «Ho trovato un sacco di libri. Libri grossi, libri piccoli, libri sinceri e falsi. E li ho mangiati tutti».

Min fa un'altra risatina e poi tira fuori la lingua. Con un fremito d'orrore, vedo che è macchiata di nero per la polvere.

Sulla biblioteca si abbatte un altro tuono, il rumore rimbomba lungo le scaffalature. Appoggio la mano sulla spalla di Min e mi avvicino per cercare di capire cos'è andato storto. «Che è successo, Min?»

Sbatte gli occhi di nuovo e poi li spalanca come se mi vedesse per la prima volta.

«Fa male» dice con voce tremante, poi si tocca la testa. «Qui. È come se la polvere mi parlasse».

Sembra un fantasma grigio, mi fissa con gli occhi spiritati. «Pensavo di trovare la Risposta, ma vedo solo oscurità». Poi comincia a tossire e a me pare che non smetterà mai.

Sta diventando sempre più buio; l'aria annerita è così pesante che mi è difficile respirare.

«Ma i libri?» grida Adjoa, la voce quasi persa nel diluvio. «Dev'esserci qualcosa che possiamo fare».

Riparandomi gli occhi, fisso l'oscurità, disperata. Tutti i libri del mondo non possono salvarci ormai. Sono i loro testi a soffocarci.

Mentre guardo il cielo di polvere, però, nella mia testa si smuovono delle parole.

C'è un altro cielo...

La polvere romba lungo le scaffalature, ma io mi aggrappo a queste parole. Qualcosa significano.

«Dobbiamo usare la testa» grido voltandomi verso gli altri. Adjoa, Oscar e Ibrahim hanno ancora con sé *Un tesoro naturale*, così strappo il volumetto di mano ad Adjoa. «Pensavo di aver visto una poesia dentro il libro, ma dev'essere stato un enigma. Se riusciamo a risolverlo troviamo l'uscita»

«Che diceva?» domanda Ibrahim, il suono della voce attutito dalla manica che tiene davanti alla bocca. «Le parole del mio libro sono scomparse prima che riuscissi a leggerle».

Sfoglio il volumetto, che si apre nello stesso punto di prima. La pagina è bianca, ma riesco ancora a vedere le parole dentro la mia testa mentre le recito ad alta voce.

C'è un altro cielo,
sempre sereno e bello,
e c'è un'altra luce del sole,

benché faccia buio laggiù;
non curarti delle foreste avvizzite,
non curarti dei campi silenziosi;
qui c'è una piccola foresta
la cui foglia è sempre verde...

Alzo gli occhi dalla pagina e vedo oscurità ovunque. Le sommità delle scaffalature torreggianti rovesciano ombre lunghe, i libri galleggiano come relitti nell'incessante valanga di polvere. Il mulinello d'aria è carico di corpuscoli soffocanti, il sapore pungente mi irrita la gola. Siamo intrappolati in una biblioteca di polvere e io non so che cosa significhi l'enigma.

Sento Ibrahim che mormora, il suono si perde quasi completamente nel tumulto.

«*Qui c'è una piccola foresta, la cui foglia è sempre verde...*»

Quando arriva alla fine del verso gli brillano gli occhi. Si volta verso di me e alza le mani al cielo.

«È questa la foresta» grida, gesticolando verso il labirinto di scaffalature. «Pensateci. Che altro è una biblioteca se non una foresta di libri?» Alza il suo volumetto e le pagine si aprono mentre la polvere viene giù. «E le pagine di ogni libro sono come foglie».

Fisso Ibrahim sbalordita. Ha trovato la chiave per risolvere l'enigma, ma ancora non ho capito che cosa dobbiamo fare.

Mezza accecata dalla polvere, mi guardo intorno disperata. Nonostante la caligine soffocante, lo sguardo si posa sul totem informativo, la cui strana struttura di metallo è scossa dalla tempesta in arrivo. Mentre lo osservo, con i polmoni irritati da ogni nuovo respiro, all'improvviso mi rendo conto che mi ricorda qualcos'altro. Un grosso tronco con sottili bracci cilindrici che si diramano in tutte le direzioni. La forma di un albero.

Ciò di cui abbiamo bisogno per respirare.

Abbasso lo sguardo sul libro che ho tra le mani. «Ogni libro una volta era un albero» grido, alzando la voce per sovrastare il tuono di polvere. «È quello di cui abbiamo bisogno adesso. Stiamo morendo soffocati, e gli alberi producono l'ossigeno che respiriamo. Dobbiamo costruire un albero»

«È la cosa più stupida che abbia mai sentito» dice Oscar con tono di scherno e un ghigno dipinto in faccia mentre l'oscurità cade su di noi. «Come facciamo a costruire un albero?»

Min tossisce di nuovo. Mi volto verso di lei e vedo che mi sta porgendo qualcosa. È una pagina che ha strappato dal suo libro, ma l'ha piegata dandole una forma nuova. Ha l'aspetto di una foglia, i bordi rifilati con cura convergono tutti in un solo punto, mentre lo stelo, più volte ripiegato su se stesso, si torce tra i suoi polpastrelli.

«C'è un vecchio proverbio cinese» dice Min, facendo ancora fatica a respirare. «Il momento migliore per piantare un albero era vent'anni fa. Il secondo momento migliore è adesso».

Prendo l'origami a forma di foglia e all'improvviso capisco che cosa dobbiamo fare.

«L'albero è già qui» dico, indicando i rami spogli del totem informativo, che non si vede quasi più in mezzo alla tempesta. «Ha solo bisogno di foglie».

Nel turbinio di polvere, corro verso la struttura stringendo in mano l'origami. Sento il sapore della polvere in bocca e nella testa mi infuria una burrasca di parole. Cerco di farmele uscire di mente, concentrandomi sull'unica cosa che devo fare adesso.

Raggiungo il totem e tolgo uno spesso strato di polvere dallo schermo, fissando il messaggio ancora visualizzato mentre l'oscurità ci piove addosso.

PRENOTAZIONE NON RICONOSCIUTA

SI PREGA DI RIPROVARE

Con dita tremanti, appoggio l'origami a forma di foglia nell'incavo sotto il display e poi resto a guardare mentre la sottile linea rossa del laser passa sulla carta ripiegata. Sento un ronzio e quando alzo gli occhi vedo che uno dei bracci metallici comincia a girare mentre sullo schermo compare un nuovo messaggio.

PRENOTAZIONE RICONOSCIUTA
INSERIRE NELLA FESSURA

Ha funzionato. Afferro il braccio rotante e cerco a tentoni quello che mi è stato chiesto di trovare. Poi la sento, sul cilindro c'è una minuscola fessura. Armeggiando un po', infilo lo stelo della foglia e mi allontano per vedere che succede.

Sulla carta ripiegata sembra splendere un debole raggio di sole, una luce dorata che brilla nel buio. Le parole della poesia enigma mi risuonano in testa. *C'è un'altra luce del sole...* Poi la foglia comincia a distendersi con un fruscio di carta e piano piano diventa verde. È come se ricordasse che cos'era prima, come se l'origami si trasformasse, come Pinocchio, nella foglia di un albero vero.

Resto a guardare sbalordita la foglia solitaria illuminarsi di verde in mezzo a un turbinio di polvere. Sullo schermo compare un nuovo messaggio.

PROSSIMA PRENOTAZIONE

Mi giro verso gli altri. Min è ancora accasciata contro il banco.

«Funziona!» grido mentre il fragore di un altro tuono rimbomba nella biblioteca. «Ci servono altre foglie!»

Corro da Min, strappo una pagina dal libro e gliela porgo. Lei, senza smettere di tossire, la piega a metà, ripiega a fisarmonica gli angoli e i bordi e poi fa una contropiega all'interno. A ogni passaggio, la pagina somiglia sempre più a una foglia.

Quando me la porge perché la prenda, è pallidissima in viso. «Svelta, Aida».

Corro di nuovo al totem mentre gli altri cominciano a strappare i loro libri. Scansiono la carta, ricevo lo stesso messaggio di prima, un altro braccio cilindrico gira in modo che possa infilare la foglia nella fessura. Adjoa e Ibrahim seguono l'esempio di Min, trasformando le pagine strappate dai loro libri in origami a forma di foglia. Partecipa persino Oscar, che strappa le pagine con un sorriso pazzo stampato in faccia.

Corriamo avanti e indietro dal totem, ogni foglia viene scansionata e infilata nell'albero. Sembra sempre più reale, i rami scintillano verdi protendendosi verso un cielo ancora carico di polvere.

Poi sento il fragore di un nuovo tuono, molto più forte degli altri rumori. E vedo che il tronco scuro del totem comincia ad aprirsi.

«Da questa parte» grida Oscar precipitandosi verso lo spiraglio che si allarga. «C'è un'uscita».

Nel turbinio di polvere, lo vedo infilarsi nell'apertura, seguito da Ibrahim e Adjoa. Faccio per andare anch'io, ma poi mi volto indietro e vedo che Min è ancora accasciata accanto al banco.

Non ce la farà da sola.

Corro da lei cercando di non respirare la polvere che cade fitta su di noi. Ha gli occhi chiusi e devo avvicinarmi molto per controllare che respiri ancora.

«Svegliati, Min» dico, scuotendola per le spalle. «Dobbiamo uscire da qui».

Lei sbatte le palpebre e apre gli occhi. «Ho fatto un sogno» dice, lo sguardo vitreo fisso su di me come se si fosse svegliata da un lungo sonno. «Ho sognato di essere una farfalla».

Un leggero sorriso le affiora sulle labbra per un attimo. Poi viene colta da un attacco di tosse. Si copre la bocca con la manica, piegandosi in avanti mentre i colpi rauchi le scuotono il fisico esile. Ogni sforzo sembra quello definitivo e quando allontana la mano vedo dei granelli neri sulla sua manica.

Mi rivolge uno sguardo spaventato, mentre intorno a noi infuria la tempesta di polvere. «Ora mi sembra di essere una farfalla che sogna di essere una ragazza»

«Va tutto bene» le dico. «Ora ti porto fuori di qui».

Faccio per prenderle la mano, ma lei mi afferra il braccio. Viene assalita da un altro attacco di tosse e le sue unghie mi si conficcano nella pelle.

«Non capisci, Aida?» dice quando la tosse finalmente si placa; le parole le escono a rantoli e sussulti. «Mi ero sbagliata. Non stavo sognando prima. Il sogno è questo. Io sono la farfalla».

La guardo. Quello che dice non ha alcun senso. Penso che la polvere le abbia avvelenato il cervello.

«Aida!»

Un grido mi fa voltare. Oltre la pioggia di polvere accecante intravedo Adjoa, il viso incorniciato dalla porta annerita che si apre ora alla base del totem.

«Dovete uscire subito» urla. «Si sta per chiudere»

«Forza» dico, cercando con ogni sforzo di tirare su

Min facendole passare il braccio sulla mia spalla. «Non ti lascio qui».

Tra i tuoni della tempesta mi avvio a fatica verso il totem, portando Min a peso morto. La polvere che gira vorticosamente si abbatte su di noi come piccole stilettate; ogni respiro mi scortica la gola. Quando raggiungo il riparo sotto le foglie, ho i conati di vomito, a ogni colpo di tosse spruzzo fuori muco nero. Scorgo la cavità scura che si è aperta nel tronco di metallo e mi precipito, pregando che resti ancora tempo per uscire.

La porta si sta chiudendo con un rumore stridulo, le vibrazioni scuotono lo strano albero di metallo. Entro per prima, perché è troppo stretto per passarci in due, e Adjoa mi afferra e mi tira verso di sé. Mi giro per fare lo stesso con Min, ma lei fa un passo indietro.

«Forza» grido, sentendo che il metallo affilato comincia a premermi contro le spalle. «Non posso tenerla aperta ancora per molto».

Min scuote la testa, la faccia contornata da un alone di polvere. «Devo svegliarmi» dice, facendo un altro passo indietro. «Addio, Aida. Ti prego, trova la Risposta anche per me».

Stendo la mano stringendo i denti per il dolore mentre la porta continua a chiudersi con un cigolio. Ma quando le mie dita sfiorano quelle di Min, sento che comincia a disintegrarsi.

«No!» grido mentre Min sembra tramutarsi in polvere. Un momento è lì e quello dopo è scomparsa, avvolta nell'oscurità.

Resto a guardare inorridita la tempesta furibonda, incapace di credere a quello che ho appena visto.

Poi mi sento trascinare all'indietro, la porta si chiude con un suono metallico e il terreno mi si sgretola sotto i piedi.

11

Mentre cado, intorno a me ruzzolano pietre. È come se fossi stata sorpresa da una frana e stessi cadendo in avanti e verso il basso nell'oscurità. Il mio corpo si contorce, le gambe pedalano disperatamente nel vuoto. Cerco di aggrapparmi a qualcosa nel buio, le mani si agitano scompostamente ma non trovano nessun appiglio…

BAM!

Vado a sbattere con la spalla contro una superficie di pietra e l'impatto improvviso mi toglie il fiato. Mi sembra di essermi schiantata contro un muro e ora, distesa a terra dolorante, ho la faccia sul terreno duro.

All'inizio non mi muovo e cerco di capire se ho qualcosa di rotto. L'unica cosa che riesco a sentire al buio è il mio respiro irregolare. Poi vedo un guizzo di luce, che aumenta di intensità con un crepitio fino a diventare un ampio bagliore arancio.

Provo dolore dappertutto, ma mi rimetto in piedi come vedo che stanno facendo gli altri. Ci troviamo in una specie di camera, la luce arriva da una fiaccola accesa fissata in alto sulla parete più vicina. I muri di pietra sono coperti di incisioni: strane figure di mostri e uomini che si stagliano nell'oscurità. A differenza della sconfinata biblioteca di polvere da cui siamo appena fuggiti, questa camera è lunga solo dieci metri e larga forse la metà. Al centro c'è quello che sembra un tavolo di pietra e il pavimento grezzo intorno è disseminato di ossa. Hanno tutto l'aspetto di ossa umane...

Do un'occhiata alle mie spalle e vedo una scalinata a volta bloccata da macerie. Probabilmente è da lì che siamo arrivati: un muro di pietrisco che ci preclude la via d'uscita.

Poi mi volto a guardare gli altri e vedo che mi stanno fissando, tutti e tre.

Adjoa prende la parola per prima.

«Dov'è Min?»

Le treccine scure fanno da cornice a un'espressione sinceramente preoccupata, le labbra strette in attesa di una risposta. Quando incrocio il suo sguardo, però, vedo solo la faccia di Min che si trasforma in polvere.

«Non c'è più» dico, sforzandomi di parlare. «Ho cercato di tirarla, ma lei non ha voluto venire. La porta si stava chiudendo, la polvere si infilava dappertutto. L'ho vista disintegrarsi...»

Le parole mi muoiono in gola, sento scivolarmi una lacrima sulla guancia.

C'è un attimo di silenzio, poi Oscar si mette a ridere forte. «Sì, come no» dice. «Sei proprio una credulona, Aida»

«Ma che dici?» ribatto, sbalordita. «Non hai sentito quello che ho detto? Non hai visto quello che è successo?»

Oscar tira su col naso e si toglie la polvere dalla faccia con la manica.

«Effetti speciali» risponde. «Ecco cos'erano. Il fuoco, la polvere, Min che scompare. Fa tutto parte della storia. Questa è la migliore escape room in assoluto, non lo sai?»

«Questo non è un gioco» ribatto quasi gridando. Lo sguardo si posa sulle ossa sparse per terra e mi si stringe il cuore. «Ho appena visto Min polverizzarsi»

«È quello che vogliono farti *credere* di aver visto» dice Oscar pulendosi la polvere dalle mani. «Min non era una di noi. Sapeva troppe cose, pensa solo a tutti quei suggerimenti che ci ha dato. Faceva parte del gioco e ora l'hanno tolta di mezzo per vedere come ce la caviamo da soli».

Ibrahim, accanto a lui, scuote lentamente la testa. «Ho sentito che alcune escape room lo fanno» dice. «Infiltrano una persona nella squadra per tenerla d'occhio e fornire indizi quando i giocatori sono in difficoltà, ma la sua identità non viene mai rivelata»

«Ecco» dice Oscar annuendo in direzione di Ibrahim. «Lui sa di cosa sto parlando. Non preoccuparti per Min, è al sicuro insieme all'Host. Probabilmente in questo momento ci stanno anche osservando». Si guarda intorno come per cercare di individuare una telecamera nascosta. «Dobbiamo fargli vedere che possiamo trovare la Risposta da soli»

«So quello che ho visto» protesto mentre Oscar si allontana. Guardo Adjoa in cerca di sostegno, ma la mia amica si limita a fare spallucce.

«Forse ha ragione, Aida» dice.

Sembra vogliano disperatamente convincersi che questo sia ancora un gioco.

Un'ombra di dubbio mi si insinua nella mente. Come faccio a essere sicura che quello che ho visto era vero? Di sicuro papà non mi avrebbe spinto a partecipare se avesse pensato che avrei potuto farmi male. Ricordo le dita di Min che sfioravano le mie mentre la vedevo disintegrarsi, ma forse le nuvole di polvere mi hanno ingannato. Forse erano *davvero* effetti speciali...

«Allora, dove siamo finiti?» La voce aspra di Oscar mi riporta al presente. «In una specie di antica rovina?»

Guardo la camera a volta, con il soffitto di pietra grezza non molto più alto delle nostre teste. Sulle pareti scolpite danzano ombre, siamo attorniati da teschi e geroglifici. Di certo il nome Escape è azzeccato: di nuovo non c'è alcuna via di fuga.

«Siamo in un tempio maya» dice Adjoa avvicinandosi alle incisioni sulla pietra per esaminarle. «Questa è la camera mortuaria»

«Chi è Maya?» chiede Oscar con tono di scherno. «E perché è sepolta qui?»

«I Maya erano un'antica popolazione» risponde Adjoa ignorando il commento sarcastico di Oscar. «Governarono per più di mille anni, costruendo grandi città nelle foreste del Messico e dell'America Centrale. E poi scomparvero e basta, abbandonando le città in seguito al collasso della loro civiltà. I palazzi e le piramidi che avevano costruito rimasero nascosti per secoli nel cuore della giungla, fino a quando le rovine furono scoperte da esploratori intrepidi»

«Un attimo» interviene Ibrahim alzando la mano come se stesse facendo una domanda in classe. «Io pensavo che fossero stati gli antichi Egizi a costruire le piramidi».

Adjoa scuote la testa. «Anche i Maya costruivano piramidi, con scale ripide su ogni lato. In cima c'era un tempio dove i sacerdoti praticavano sacrifici umani, mentre all'interno gli esploratori hanno trovato cunicoli segreti, camere e trappole. Ecco dove potremmo trovarci noi: nel cuore di una piramide maya»

«Come fai a sapere tutte queste cose?» le chiedo, non avendo idea di dove stia tirando fuori le informazioni. «Mentre mi arrampicavo sulla scala, in biblioteca, hai letto la *Guida alle civiltà antiche*?»

Adjoa sorride. «Il tredicesimo livello di *Tomb Raider: Underworld* è ambientato in un tempio maya» spiega. «Per questo ho riconosciuto i geroglifici. Ti ho detto che questo gioco è fatto per me».

Ibrahim si guarda intorno e aggrotta la fronte. «Quindi dobbiamo solo trovare il passaggio segreto ed evitare le trappole, giusto?»

«Dobbiamo trovare la Risposta» dice Oscar, avvicinandosi con convinzione al lungo tavolo di pietra sistemato al centro della camera. «Quindi cominciamo a cercare».

Adjoa gli fa la linguaccia dietro le spalle, ma vedo che sembra eseguire comunque il suo ordine, perché si allontana dai geroglifici e si mette a ispezionare la camera. Io metto da parte il pensiero di Min e seguo il suo esempio, guardandomi intorno in cerca di qualsiasi indizio. Credo che l'unica via d'uscita da questo gioco sia la vittoria.

Osservo le ossa essiccate sparpagliate a terra e riconosco la forma di costole, femori e vertebre che ho visto nelle pagine della mia enciclopedia. Sono decisamente umane. Sento un brivido lungo la schiena mentre fisso le cavità orbitali vuote di un cranio rotto, i cui denti gialli mi sorridono.

«Queste sono le ossa delle persone che erano sepolte qui?» domando, e la mia voce rimbomba sulle pareti nonostante sia poco più di un sussurro.

Adjoa scuote la testa. «Sono resti di sacrifici umani» risponde, scavalcando il mucchio disordinato di ossa. «Quando un nobile maya moriva, i suoi servi venivano uccisi in modo che potessero accompagnarlo nell'oltretomba». Indica il lungo tavolo di pietra dietro cui c'è Oscar. «Ecco chi è sepolto lì».

Avvicinandomi, mi rendo conto che non si tratta di un tavolo, ma di un sarcofago. Un lastrone di pietra appoggia sulla cassa monolitica, e sul coperchio sono scolpiti motivi a volute e geroglifici. Nella parte superiore vedo un piccolo foro e all'interno dello spioncino colgo un riflesso rosso cupo. Mi ricorda il puntino rosso che ho visto al centro della telecamera e quello che brillava nella perla nera sul turbante del giocatore di scacchi. Sento di nuovo sussurrarmi in testa le parole dell'Host. *Sorveglierò ogni vostra mossa.*

Oscar aveva ragione. Ci sta guardando anche adesso.

Adjoa, piegata sul sarcofago, sta già esaminando le strane incisioni. La più grande rappresenta un cerchio con dentro una spirale.

«È il simbolo di Hunab Ku» dice sottovoce mentre segue il contorno con le dita. «Secondo alcuni studiosi, i Maya credevano che fosse il dio creatore di tutto»

«Allora lui dovrebbe conoscerla, la Risposta» borbotta Oscar.

Mi aspetto che Adjoa alzi gli occhi al cielo per l'interruzione, invece annuisce vigorosamente.

«Esatto» risponde, gli occhi scuri accesi di entusiasmo. «Questo significa che siamo sulla strada giusta, capite? I Maya credevano che Hunab Ku vivesse al centro della Via Lattea, la galassia in cui viviamo, rappresentata da questa spirale. Altri la chiamano Farfalla Galattica. Si dice che il simbolo di Hunab Ku mostri la via verso la conoscenza, perciò è qui che deve trovarsi la Risposta».

Oscar fa scrocchiare le dita con un sorrisetto. «Forza, togliamo il coperchio allora».

12

«È inutile» grida Oscar allontanandosi. Si asciuga il sudore dalla faccia e aggiunge: «Che razza di pappamolla, non siete di nessun aiuto».

È da un pezzo che proviamo a smuovere questo lastrone di pietra, sforzandoci tutti e quattro di spingere il coperchio del sarcofago per vedere che cosa c'è dentro. Ma in tutto questo tempo non siamo riusciti a spostarlo neanche di un millimetro. Pesa una tonnellata.

«Parli tu» sbotta Adjoa. «Qui c'è l'unico enigma che richiede la forza bruta invece del cervello e viene fuori che sei tutto fumo e niente arrosto».

Quei due cominciano a litigare e io mi allontano sospirando. Adjoa sembra convinta che la Risposta sia dentro il sarcofago, ma io non riesco a togliermi dalla testa la sensazione fastidiosa che qualcosa non quadri. Mi guardo intorno nella scarsa luce della camera mortuaria, scrutando le ombre tremolanti e cercando di capire cosa c'è di strano.

Ibrahim è accovacciato a terra, chino a osservare qualcosa che ha trovato.

«Cos'è?» gli domando, chiedendomi se non provi anche lui la mia stessa sensazione.

Lui si scosta i capelli dalla faccia e mi rivolge uno sguardo perplesso. «Ho trovato queste ossa».

Osservo i resti umani disseminati tra la polvere.

«Lo so» dico, e mi sento accapponare la pelle. «Orribile, vero? Adjoa dice che quelle persone sono state sacrificate».

Ibrahim annuisce. «E a quanto pare non si sono limitati a quello». Raccoglie uno degli ossi e me lo mostra. «Guarda».

Tiene in mano un femore, l'osso lungo che si trova nella parte superiore della gamba. Questo sarà lungo mezzo metro, ma quando Ibrahim lo gira vedo che ha qualcosa di strano. Un'estremità è arrotondata, com'è normale che sia, mentre l'altra sembra essere stata affilata a mo' di scalpello.

«Pensi che sia un'arma?»

Prendo in mano l'osso e lo esamino, cercando di capire per cosa potrebbe essere stato usato. Non credo sia un'arma, non somiglia né a una lancia né a una spada, anche se è abbastanza affilato da essere tagliente. Stranamente, la forma mi ricorda più un fermaporta, uno di quegli affari che si infilano sotto le ante per evitare che sbattano. Qui però non c'è nessuna porta da tenere aperta…

Alzo gli occhi e incrocio lo sguardo di Ibrahim. Ha la testa piegata di lato, come se stesse osservando il mondo da un'altra angolazione. Mi torna in mente come l'ha definito Adjoa mentre percorrevamo i corridoi della biblioteca. Ha detto che è un *osservatore*, uno capace di vedere le cose che sfuggono a tutti gli altri. In qualche modo, quest'osso dev'essere importante.

Sento il rumore di una manata contro la pietra, mi volto e vedo che Oscar e Adjoa continuano a litigare in merito al coperchio del sarcofago.

«Se non possiamo sollevarlo, allora dobbiamo spaccarlo» grugnisce Oscar.

Adjoa aveva ragione. Oscar è un distruttore.

Ma non appena sposto lo sguardo dal lastrone appoggiato sopra il sarcofago all'osso cesellato che ho in mano, mi viene un'idea. Forse per questa prova c'è più bisogno di cervello che di forza, dopotutto...

Torno da Oscar e Adjoa. Mentre loro battibeccano, io scruto il bordo del sarcofago, dove il pesante coperchio tocca la cassa monolitica sottostante. È perfettamente sigillato, ma in un paio di punti la pietra è scrostata e si vedono crepe e fessure. Sono molto sottili, ma se la mia idea è giusta andranno bene lo stesso.

Inserisco il bordo affilato dello scalpello in una delle fessure.

«Che stai facendo?» chiede Oscar guardandomi con noncuranza.

«Sollevo il coperchio» rispondo.

«Da sola? Con un osso?» Oscar ride di gusto. «Non esiste»

«Non è un osso, è una leva» gli dico, facendo scivolare lo scalpello tra il coperchio e il bordo del sarcofago. «E con la leva giusta si può sollevare il mondo».

Con tutta la forza possibile, spingo in basso la parte arrotondata dell'osso.

Il coperchio comincia a sollevarsi, di qualche millimetro all'inizio, ma poi mi sforzo di far abbassare la leva ancora di più e la fessura si allarga, il lastrone all'improvviso scivola via con un brontolio sordo e poi si abbatte a terra con uno schianto assordante.

Oscar fa un salto indietro e grida per la sorpresa.

Resto un momento impalata con il respiro corto, l'osso affilato ancora in mano. Ha funzionato davvero. Ma non ho tempo di riprendere fiato, perché gli altri si accalcano subito intorno al sarcofago aperto.

«Ce l'hai fatta» esulta Adjoa stringendomi la mano quando li raggiungo. «È stato pazzesco, Aida! Ora possiamo scoprire la Risposta».

Oscar guarda dentro il sarcofago e fa un fischio leggero. «Chi se ne importa della Risposta» dice. «A quanto pare abbiamo trovato un vero tesoro tutto per noi».

All'interno della cassa giace uno scheletro con le ossa perfettamente conservate. Tutto intorno vedo una quantità incalcolabile di magnifici gioielli: collane di giada, bracciali d'argento e anelli d'oro. Pietre di malachite e perle sono sparse tra minuscole statuette scolpite, ma non è la vista del tesoro a farmi rimanere a bocca aperta, quanto piuttosto lo strato di polvere rossa che ricopre tutto.

«Io prendo questa» dice Oscar, e allunga la mano verso una corona appoggiata sul teschio color cremisi.

Prima che riesca ad afferrarla, però, Adjoa gli allontana la mano con uno schiaffo.

«Non toccarla!» grida, con la voce velata di paura. «Quella polvere rossa è cinabro»

«E allora?» ribatte Oscar con rabbia. «Questa roba vale una fortuna, un po' di spezia in polvere mi farà starnutire, al massimo»

«Il cinabro non è una spezia» risponde Adjoa, reggendo lo sguardo di sfida di Oscar. «Un tempo veniva chiamato anche "sangue di drago" ed è il minerale più tossico che esista sulla faccia della Terra. Persino toccarlo può ucciderti». La luce tremolante della fiaccola le fa brillare gli occhi. «È una trappola perfetta».

Oscar si allontana dalla corona coperta di polvere, mentre Ibrahim rimane a scrutare dentro il sarcofago.

«Chi credi che sia?» chiede.

Adjoa guarda lo scheletro rosso. «È la Regina Rossa di Palenque» risponde a bassa voce, come se avesse paura di svegliare la morta. «Una nobildonna maya la cui tomba fu ritrovata nel tredicesimo tempio di una città perduta, nel cuore della giungla messicana. Nessuno conosce la sua vera identità, ma i tesori con cui è stata sepolta portano a credere che fosse l'ultima regina maya. Il suo corpo venne cosparso con questa polvere perché era dello stesso colore del sole nascente e i Maya credevano che potesse conferire anche a lei il potere di rinascere. La Regina Rossa sarebbe vissuta ancora».

Rabbrividisco nel sentire la storia, poi mi volto appena a guardare le altre ossa, sparpagliate in mezzo alle nostre impronte nella polvere. Non esiste una possibilità di nuova vita per nessuna di loro. Forse le persone con il tesoro sono le uniche che contano veramente…

«Non avevi detto che avremmo trovato la Risposta lì dentro?» borbotta rabbiosamente Oscar, ancora infastidito dal fatto di non aver potuto mettere le mani sulle ricchezze. «Che senso ha avuto aprire il coperchio se non abbiamo scoperto nulla? Non c'è nessun indizio, solo un mucchio di vecchie ossa impolverate».

Adjoa si acciglia, ma stavolta non sa cosa ribattere. Io guardo di nuovo lo scheletro rosso e le pietre preziose ricoperte di polvere velenosa. Forse Oscar ha ragione. Forse è solo una falsa pista…

Tuttavia, mentre faccio vagare lo sguardo sulle ricchezze che avvolgono lo scheletro della Regina Rossa, intravedo qualcosa che mi sembra fuori posto. Sotto la polvere splendono bellissimi gioielli, ma tra le dita la regina sembra stringere una semplice conchiglia.

Sento le parole dell'Host nella mia mente. *La Risposta può trovarsi nel posto più impensato.*

Tiro fuori di tasca un fazzoletto e lo uso per coprirmi la mano, poi la infilo nel sarcofago.

«Stai attenta a non toccare la polvere, Aida» mormora Adjoa mentre libero la conchiglia dalla stretta della Regina Rossa.

La parte esterna della conchiglia è color rame, ma quando la rovescio con cautela, vedo che all'interno c'è una statuetta di pietra. Ha la forma di una farfalla, le ali decorate con lo stesso motivo del coperchio. Non c'è polvere all'interno della conchiglia, quindi tiro fuori la scultura con attenzione con la mano libera e poi lascio cadere conchiglia e fazzoletto nella cassa aperta.

Mentre osservo la farfalla di pietra, gli altri mi raggiungono per guardare meglio.

«Cos'è?» chiede Oscar.

«Non lo so» rispondo, avvicinandola alla luce.

Al bagliore tremolante della fiaccola, sulle ali della farfalla scintillano striature dorate. So che è solo un gioco di luci, ma sembra che stia per spiccare il volo.

«È la Farfalla Galattica» esclama Adjoa con l'ombra di un sorriso sulle labbra. «Hunab Ku».

A quelle parole mi si riaccende l'entusiasmo. Prima

Adjoa ha detto che Hunab Ku mostra la via verso la conoscenza. Guardo le pareti di pietra che ci circondano, gli dèi e i mostri a guardia della camera mortuaria. La farfalla sembra scolpita nella stessa pietra, quasi come se il suo posto fosse qui da qualche parte. E mentre osservo gli strani geroglifici che ricoprono la parete di fondo della stanza, ho una specie di illuminazione.

«Se stiamo cercando la Risposta, forse la chiave è questa».

Tenendo ancora in mano la farfalla di pietra, mi avvicino alla parete e cerco con lo sguardo quello che so dovrebbe esserci.

«Cosa stai cercando?» chiede Ibrahim raggiungendomi di corsa.

Seguo con le dita il contorno dei geroglifici, i motivi che si avvolgono a spirale sulla pietra dura. Le facce di giaguari e alligatori mi fissano cieche, i denti scoperti come se stessi sconfinando.

«Un'uscita» gli rispondo, continuando a cercare un punto in cui possa entrare la scultura. «È quello che cerchiamo fin dall'inizio. La botola nella soffitta, la porta nella biblioteca... Questo gioco si chiama Escape, quindi può esserci una sola cosa nascosta qui: un'uscita di qualche tipo che ci permetta di scappare». Abbasso gli occhi sulla farfalla di pietra. «E penso che questa sia la chiave per aprirla».

Riporto lo sguardo alla parete, scrutando ogni minima crepa e fessura. Oltre alle strane facce di bestie e uomini, vedo conchiglie, cerchi e linee incisi nella pietra.

«Cosa credi che significhino?» domanda Ibrahim, mentre anche lui segue i geroglifici che si avvolgono a spirale. Non faccio in tempo a rispondere, che Adjoa interviene.

«Credo che segnino il tempo» dice, comparendo all'improvviso al mio fianco.

Sento ridacchiare qualcuno dietro di noi.

«Vuoi dire come un orologio?» dice Oscar raggiungendoci con aria da spaccone mentre ispezioniamo la parete in cerca di indizi. «Beh, mi sa che si è fermato».

So che fa lo spiritoso ma, guardando i percorsi circolari dei geroglifici, non posso fare a meno di pensare che abbiano *davvero* l'aspetto di un gigantesco quadrante di orologio.

«Non è un orologio» risponde Adjoa, stendendo il braccio verso il cerchio più esterno in cui scoccherebbe la mezzanotte. «È un calendario». Comincia a seguire la linea del cerchio, passando sopra ciascuno dei geroglifici incisi che si avvolgono a spirale. «I Maya non avevano un solo calendario come usiamo noi oggi, ma tre. Questo è l'Haab, un calendario solare che dura 365 giorni. Ognuno di questi simboli è un mese maya: Zotz, Tzec, Xul, Yaxkin, eccetera, diciotto mesi della durata di venti giorni ciascuno». La mano sta per completare il giro tornando al punto di partenza, ma Adjoa si ferma e le dita esitano su uno strano geroglifico che sembra un urlo. «E un diciannovesimo mese di cinque giorni senza nome, che i Maya chiamavano Wayeb. Corrispondeva a un periodo di grave pericolo, in cui, secondo i Maya, le porte degli inferi si aprivano e nel mondo si scatenava il caos».

Le parole pronunciate a bassa voce da Adjoa riecheggiano sulle pareti della tomba e io mi sento accapponare la pelle. È vero che stiamo cercando una porta ma, guardando le fauci, spero proprio che non si tratti di quella degli inferi.

Adjoa comincia a seguire la linea del secondo cerchio di geroglifici, una ruota dentro una ruota che si avvolge a spirale.

«Questo è lo Tzolkin» dice. «È il calendario che i Maya usavano per segnare i giorni sacri. Feste, festività e cerimonie: tutto veniva regolato dallo Tzolkin. I Maya credevano che servisse anche a leggere il futuro».

Guardo affascinata le sue dita che seguono il cerchio di geroglifici e le ombre proiettate sulle misteriose incisioni.

«I Maya non vedevano il tempo come una linea retta» spiega «ma come un cerchio. La storia si ripete, ciò che è già successo succederà di nuovo. Credevano che il tempo fosse un ciclo continuo che andava avanti all'infinito»

«Proprio come te» mormora piano Oscar.

Adjoa lo ignora e le sue dita si fermano al centro del cerchio.

«Fino alla fine del Lungo Computo» dice. «Questo è il calendario che i Maya usavano per contare il numero di giorni dalla creazione del mondo. Un'era che credevano sarebbe durata un milione e 872mila giorni».

Adjoa allontana la mano dalla parete e vedo l'insieme di geroglifici che compone il Lungo Computo. Le sagome scolpite di facce mostruose, uccelli e giaguari simili a teschi mi guardano di traverso, ma nascosta al centro intravedo l'ombra di un incavo nella pietra. Mi avvicino e vedo che la minuscola cavità ha la forma di una farfalla e, confrontandola con la pietra che ho in mano, mi rendo conto che combaciano.

«Eccola» esclamo, notando che dalla cavità sembra sprigionarsi un leggero bagliore rosso. «Credo di aver trovato il buco della serratura».

13

Stringo la farfalla di pietra fra i polpastrelli, i motivi a spirale sulle ali sono illuminati da uno strano bagliore rosso. Sembra proprio che sia stata estratta da questa cavità; la luce rossa brillante proviene dall'interno. È la stessa luce che ho visto per tutta la durata del gioco, quella che ora mi dice che devo averci preso.

Mentre gli altri mi si accalcano alle spalle, inserisco con cautela la farfalla nella cavità, finché va a posto con uno scatto.

«Ci sta» mormora Adjoa, la voce ovattata nella penombra.

Trattengo il respiro aspettando di vedere che cosa

succede, ma i secondi passano in silenzio e alla fine sono costretta a buttare fuori l'aria in un sospiro confuso.

«Non può essere» dico avvicinandomi; intorno ai bordi delle ali della farfalla luccica ancora un debole bagliore. «Non ha funzionato»

«*Deve* funzionare» dice Adjoa. «Torna tutto, la porta, la farfalla, Hunab Ku. La chiave dev'essere per forza questa».

Mi volto e guardo gli altri, sperando in qualche suggerimento. Ibrahim aggrotta la fronte, muove le dita come se i geroglifici fossero un cubo di Rubik da risolvere. Oscar tiene le braccia incrociate al petto con aria distaccata e un'espressione da saputello.

«Che c'è?» dico brusca. Quel suo sorrisetto comincia a seccarmi.

«Se è una chiave» risponde lui, parlando lentamente come se fossi stupida «non andrebbe girata?»

Lo guardo sorpresa. Ha ragione.

Torno davanti al muro e allungo la mano verso la farfalla. La pietra scolpita è liscia, ma quando comincio a girare la chiave sento una forte vibrazione, come il cigolio di vecchi ingranaggi. I geroglifici si illuminano di colpo di una misteriosa luce rossa e vedo che le ruote si mettono in movimento.

«Funziona» esclama Adjoa euforica. «Continua a girare».

Mentre ruoto lentamente la farfalla di pietra, i geroglifici fanno lo stesso. Guardo affascinata le facce ringhiose che si spostano, mentre il ruggito degli ingranaggi nascosti fa tremare la parete. La ruota esterna, girando, sembra contare i mesi a uno a uno; i simboli che Adjoa ci ha mostrato si illuminano di rosso man mano che scorrono, mentre la ruota interna sembra riportare indietro il tempo, dal momento che gira in senso antiorario. Continuo a ruotare la chiave, aspettando uno scatto che non arriva.

«Non capisco» dico, alzando la voce per sovrastare il rumore. «Se questa è la porta, perché non si apre? Che altro dobbiamo fare?»

«Fai provare me» dice Oscar spingendomi da parte per mettere la mano sulla chiave. «Ci vuole abilità per queste cose».

Gira la chiave-farfalla, ma i cerchi concentrici con i geroglifici continuano a ruotare imperterriti in direzioni opposte e la tomba trema. Dal soffitto cominciano a cadere frammenti di pietra. Se non smettiamo di girare le ruote verremo sepolti vivi. Dai simboli e dalle facce scolpite filtra un bagliore rosso sangue, ma nulla fa pensare che si stia per aprire una porta.

«Forse non si tratta di una porta vera e propria» dice Ibrahim, come se mi leggesse nella mente. «Forse somiglia più allo sportello di una cassaforte in cui è custodita la Risposta. L'unico modo per aprirla è trovare la combinazione giusta».

Guardo Ibrahim. Osserva la rotazione dei geroglifici con la testa piegata di lato.

«Questo non è solo un calendario, è una serratura a tempo» dice.

Mentre elaboro le sue parole, è come se mettessi più a fuoco i simboli girevoli. Il mio cervello spegne tutti i rumori e le distrazioni per concentrarsi sull'unica cosa importante. Più che una visione a tunnel è una visione a enigmi. E se Ibrahim ha ragione, i geroglifici nascondono la Risposta. Mi volto verso Adjoa, che osserva perplessa le ruote girare. «Dobbiamo trovare la data giusta per aprire la porta».

Lei annuisce, lo sguardo fisso sulle ruote mentre dal soffitto continuano a cadere pietre.

«Il Lungo Computo dura un milione e 872mila giorni. Che fanno più di cinquemila anni. Non possiamo provare ogni data sperando di trovare quella giusta per caso, ma ce n'è una che ha reso famosi i Maya: il 21 dicembre 2012, il giorno in cui, secondo alcune interpretazioni del loro calendario, sarebbe arrivata la fine del mondo».

Si volta verso di me, con gli occhi scuri che brillano alla luce della torcia.

«Dev'essere quella la data che apre la porta, la data che ci darà la Risposta e metterà fine al gioco».

Guardo le incisioni mentre le ruote sulla parete continuano a girare. La misteriosa luce rossa brilla più forte quando i geroglifici raggiungono il punto più alto, per poi affievolirsi appena quando passano oltre. Dev'essere quello il punto in cui viene segnata la data ma, osservando le pietre che si avvolgono a spirale, non riesco a distinguere quale simbolo mostri la fine del Lungo Computo.

Adjoa, invece, a quanto pare ne è in grado. Allontana Oscar con una gomitata, afferra la chiave e poi, stringendo i denti, comincia a girarla più in fretta. Mentre i geroglifici ruotano con un rumore di ferraglia, Adjoa tiene lo sguardo fisso sul punto più alto del calendario, guardando come ogni faccia scolpita risplenda brevemente di luce rossa prima di passare alla successiva. Infine pronuncia forte una sola parola: «Adesso».

Non appena smette di girare la chiave, le ruote di pietra si fermano con un fischio stridulo e fastidioso sussultando violentemente. Mentre dal soffitto piovono pietre, Adjoa indica i geroglifici che splendono di più.

«Quella è la fine del tredicesimo *baktun*» dice, puntando il dito verso una faccia minacciosa a metà altezza della parete. «L'ultimo giorno del Lungo Computo. Dev'essere la data giusta».

Mentre osservo il profilo di pietra, l'unico occhio brilla di rosso. Subito sopra ci sono altri due geroglifici e vedo, con un fremito d'orrore, che quello più in alto mostra la mandibola di uno scheletro.

C'è un attimo di silenzio e poi, esattamente dietro di me, sento raschiare, come un rumore di osso che gratta la pietra.

Mi volto in preda a un timore crescente e vedo la Regina Rossa risorgere lentamente dalla tomba.

14

«State indietro!» grida Adjoa muovendosi scompostamente per scappare allo scheletro rosso che avanza barcollando verso di noi. «Non fatevi toccare!»

Dalle dita della Regina Rossa, che allunga i suoi artigli scheletrici, cadono manciate di polvere di cinabro. Sul cranio ha una corona di giada messa di traverso, i denti scoperti in un sorriso spettrale mentre nelle orbite prive di occhi brilla una luce rossa. Non riesco ad allontanarmi, pietrificata dalla paura, lo sguardo fisso nel suo mentre la tomba trema con un rimbombo.

Oscar batte forte sul muro, ma la pietra dura si rifiuta di spostarsi. «Fateci uscire! Fateci uscire!» grida.

L'Host però non ascolta. È la Regina Rossa a comandare adesso.

Dietro di lei, altri scheletri si sollevano lentamente da terra: le ossa dei Maya morti risorgono per servire la loro regina. Mi volto a guardare le ruote di geroglifici, cercando di capire dove abbiamo sbagliato.

Nel punto più alto delle ruote immobili vedo un urlo scolpito nella roccia. Le mascelle scheletriche del geroglifico sono spalancate come una porta. Mi ricordo che Adjoa ha chiamato il simbolo *Wayeb*, il mese pericoloso dei giorni senza nome in cui i Maya credevano che le porte degli inferi si sarebbero aperte. Ecco che cosa abbiamo fatto: abbiamo aperto le porte dell'Inferno.

Sento un sibilo improvviso, mi giro e mi trovo davanti la Regina Rossa con le braccia spalancate. Si lancia per avvolgermi nel suo abbraccio mortale, ma Adjoa mi trascina via sotto la pioggia di pietre. Inciampiamo entrambe e io, scivolando su una pietra rotta, sento cedere la caviglia e cado a terra.

Alzo la testa e vedo che la Regina Rossa si gira verso Ibrahim. Lui è davanti ai geroglifici che si avvolgono a spirale, chino a ispezionare la farfalla di pietra che sta al centro. Non sembra neanche accorgersi di lei, perso com'è nei suoi pensieri mentre le dita si agitano e si contraggono in cerca della Risposta.

Apro la bocca, pronta a urlare per avvisarlo, quando scorgo per terra qualcosa che striscia. Non è molto più grande di un chicco di riso, il corpo nero e irto di aculei si solleva mentre avanza con un movimento ondeggiante.

È un bruco.

La minuscola creatura sta formando un cerchio perfetto nella polvere. Il corpo segmentato si arrotola torcendosi in un movimento stranamente magnetico. Dentro la testa sento l'Host che si burla di me.

Guardatevi intorno con attenzione. Fa tutto parte del gioco.

Il bruco *deve* significare qualcosa.

La mente va a mille e mi ricordo quello che ha detto Adjoa a proposito dei Maya. Di come pensavano che il tempo fosse un cerchio. Guardo il bruco che disegna la stessa forma nella polvere. Penso a quello che so di queste creaturine, scervellandomi per trovare un indizio. Il bruco vive solo un paio di settimane. Non fa altro che mangiare…

«Ibrahim!»

Sento il grido angosciato di Adjoa, ma il mio sguardo resta fisso sul bruco che gira in tondo. Poi sento un sussurro nella mia mente, la voce di Min che mi ricorda quello che viene dopo.

Ho sognato di essere una farfalla.

All'improvviso capisco e alzo lo sguardo verso la parete di pietra. Le ruote di geroglifici sono ferme, ma i miei occhi seguono la forma a spirale che disegnano e mi rendo conto che il cerchio non ha fine. La fine è anche l'inizio. Il bruco diventa farfalla...

I miei pensieri si cristallizzano in certezza assoluta. All'improvviso ho perfettamente chiaro in mente cosa fare.

Scatto in piedi e vado dritta verso il centro dei geroglifici che si avvolgono a spirale. Lì accanto, Adjoa guarda atterrita la Regina Rossa che ondeggia come una marionetta d'ossa e si gira verso Oscar, il quale arretra in un angolo della tomba.

«Forza» grida lui, gli occhi fiammeggianti d'ira. «Non ho paura di te e del tuo stupido esercito».

In risposta al suo grido, sento di nuovo il rumore di ossa che grattano la pietra e la Regina Rossa e i suoi servi si preparano a colpire. È la mia occasione, l'attimo di distrazione di cui avevo bisogno per afferrare la chiave-farfalla. La pietra è calda sotto i polpastrelli, le ali spiegate in maniera perfettamente simmetrica quando do un ultimo giro.

Si sente uno scatto e poi le ruote di pietra ricominciano a girare, avanzando pesantemente fino al geroglifico successivo per poi fermarsi di nuovo con un sobbalzo. La farfalla di pietra mi sguscia via tra le dita ritirandosi nella cavità, mentre io mi allontano barcollando, stupita.

«Aida» grida Adjoa, e la sua voce rimbomba tra le pareti che tremano. «Cos'hai fatto?»

Vedo un riflesso dorato al centro della cavità, che comincia ad allargarsi.

«Ho cambiato la data» rispondo mentre il bagliore dorato sembra palpitare più intensamente. All'interno del foro che si sta aprendo c'è qualcosa che si muove. «Non era l'ultimo giorno del Lungo Computo che ci serviva, ma il primo del ciclo successivo. Il cerchio continua a girare. Solo ricominciando daccapo possiamo trovare la Risposta».

La cavità ha raggiunto le dimensioni di una finestrella e continua ad allargarsi. I geroglifici al centro delle pietre si sgretolano, rivelando le ali dorate di innumerevoli farfalle, che cominciano a volteggiare fuori dall'apertura per poi riversarsi in una fiumana inarrestabile.

Le farfalle sciamano intorno alla Regina Rossa, che urla mentre le sue ossa rosse scompaiono sotto una marea pulsante di ali dorate.

«Da questa parte!» grido ad Adjoa e Oscar mentre la tomba continua a tremare. Non vedo Ibrahim da nessuna parte, solo le ossa scheletriche dei servi della Regina Rossa che si dibattono contro l'assalto mentre nuove farfalle continuano ad arrivare.

Mi faccio scudo con il braccio, cercando la strada a tentoni in mezzo alla foschia dorata di ali che si agitano. Oscar è già arrivato alla porta e la sta oltrepassando, mentre Adjoa compare al mio fianco.

«Dov'è Ibrahim?» grido per sovrastare il fragore.

«È troppo tardi, Aida» mormora lei. Ha il viso rigato di lacrime. «Dobbiamo uscire da qui».

Mi afferra per un braccio e mi fa passare attraverso la porta da cui si sta ancora riversando la marea incessante di farfalle. Oltre le ali dorate, intravedo l'oscurità e il profilo indistinto di gradini di metallo che scendono.

Adjoa mi trascina con sé mentre Oscar è già sulla scala, e io non posso fare altro che seguirli.

15

Mentre scendiamo, i gradini di metallo risuonano dei nostri passi. Nell'oscurità riesco a distinguere le sagome di Adjoa e Oscar davanti a me, mentre camminiamo in fila indiana guidati dai corrimano su entrambi i lati.

Ho smesso di chiedere ad Adjoa che cosa è successo a Ibrahim nella camera mortuaria; le sue lacrime mi dicono solo che non c'è più. Esattamente come Min. Questo gioco ci sta togliendo di mezzo uno dopo l'altro.

Più avanti si apre uno spiraglio di luce, i gradini diventano sempre più bassi. Adesso riesco a vedere che quella da cui stiamo scendendo è una scala mobile rotta, gli scalini bloccati sono ricoperti di frammenti di vetro che scricchiolano sotto le scarpe da ginnastica.

Sembra di entrare in una specie di centro commerciale. C'è un orologio appeso sulla parete di fondo di un atrio altissimo, che prende luce da lucernari posti sul soffitto a cupola. Dalle finestre ariose si vede un po' di azzurro in lontananza ma, poiché le lancette dell'orologio indicano le otto e dodici minuti, non riesco a capire se sia mattina o sera.

Oscar è il primo a raggiungere l'ultimo gradino, e ora marcia deciso verso l'atrio vuoto. Mentre raggiungo Adjoa, il mio sguardo abbraccia uno spettacolo di distruzione totale. Il grande spazio aperto è disseminato di mucchi di macerie: vetri in frantumi e scaffali riversi, vetrine fracassate e vasi rotti. Al centro dell'atrio c'è una fontana asciutta piena di polvere, mentre le piante appassite hanno cosparso il pavimento di foglie secche.

Questo posto sembra abbandonato da anni.

Oscar sta ancora camminando, i suoi passi risuonano forte e lo portano oltre un banco del servizio clienti deserto.

«Dove vai?» gli grido. «Dobbiamo restare uniti, soprattutto adesso».

Lui si ferma di colpo e si volta verso di me con uno sguardo di disprezzo.

«Perché?» risponde, e il suo grido fa scappare alcuni piccioni dai loro nascondigli. Mentre volano verso i lucernari, le ali grigio ardesia screziate di bronzo, Oscar mi aggredisce verbalmente. «Perché dovremmo restare uniti? Finora non ci è stato molto utile, non ti pare? Guardati intorno, Aida. Non siamo i Five Mind né i Fantastici Quattro. Ormai siamo rimasti in tre. Non siamo una squadra, punto e basta. Siamo concorrenti. E io farò in modo di trovare la Risposta per primo».

Oscar si volta per andarsene, ma prima aggiunge un'ultima cosa: «E non provate a seguirmi».

Lo guardo allontanarsi, ammutolita. Prende una direzione che, attraverso mucchi di detriti, porta verso una galleria di negozi. È più buio laggiù, lontano dai lucernari dell'atrio, ma riesco a vedere chiaramente le facciate dei negozi con le saracinesche abbassate.

«Lascialo andare» dice Adjoa dirigendosi invece verso il banco del servizio clienti. «Neanche noi abbiamo bisogno di lui».

Guardo il centro commerciale deserto, a destra e a sinistra si diramano altre gallerie di negozi. Anche queste sono immerse nel buio e, mentre mi sforzo di guardare nella penombra, mi corre un brivido lungo la schiena. Questo posto dovrebbe essere pieno di luce e di vita. Non ho paura del buio, ma non posso fare a meno di chiedermi che cosa nasconda. È la paura dell'ignoto.

«Aida!» Mi volto al grido eccitato di Adjoa. È accanto al banco del servizio clienti e tiene in mano un pezzo di carta sgualcito. «Vieni a vedere cosa ho trovato».

Corro da lei, prendo il foglietto e leggo, confusa, quello che c'è scritto.

DORATO
CONGELATO
MARSUPIO
CACCIATORE
ES I TO

Alzo lo sguardo verso Adjoa e vedo una luce di speranza nei suoi occhi.

«Che cos'è?» chiedo, sforzandomi di capire perché sia così contenta. Le parole non hanno alcun senso.

«Non è ovvio?» risponde lei con un sorriso. «È una lista della spesa».

Guardo la lista, rimuginando su ogni parola: dorato, congelato, marsupio, cacciatore, esito. Scuoto la testa.

Se questa è una lista della spesa, non so proprio come interpretarla. Vedendomi perplessa, Adjoa comincia a spiegare.

«Ricorda quello che ha detto l'Host» dice, mentre le punte delle scarpe da ginnastica verde fluo battono un ritmo nervoso sul pavimento. «Fa tutto parte del gioco. Questa lista è stata lasciata qui, in attesa che arrivassimo. Dev'essere una caccia al tesoro».

«Una caccia al tesoro?»

«Uno di quei giochi in cui ti danno un elenco di oggetti da trovare. Vince chi riesce a recuperarli tutti per primo. Deve trattarsi di questo: un elenco di oggetti che dobbiamo procurarci per scoprire la Risposta».

Prende la lista e si gira di nuovo verso il banco del servizio clienti. Il lato di fronte a noi è inclinato ed espone l'elenco dei negozi accanto a una mappa del centro commerciale. Sulla mappa si vedono le gallerie che si diramano in tre direzioni dall'atrio centrale, segnalate in rosso, verde e blu.

«È la nostra occasione, Aida» dice Adjoa studiando la mappa. «Se vogliamo battere Oscar, dobbiamo seguire questo piano».

Abbasso lo sguardo sull'elenco dei negozi. Non avrei mai pensato che per salvare il mondo avremmo dovuto fare shopping, eppure Adjoa potrebbe avere ragione. Da quando abbiamo cominciato a giocare all'Escape abbiamo cercato di trovare la Risposta, ma nessuno ha detto che era un'unica cosa. Forse questa lista contiene gli ingredienti di cui abbiamo bisogno per *creare* la Risposta. Se fosse così, avremmo un netto vantaggio su Oscar.

«Allora, da dove cominciamo?» chiedo, scorrendo con il dito l'elenco dei negozi suddivisi per categoria. «Abbigliamento? Elettronica? Giocattoli? Libri e cartoleria? Profumeria?»

Adjoa scuote la testa, indicando invece una voce che non avevo considerato.

«Gioielleria» risponde sicura. «Il primo oggetto che dobbiamo cercare è dorato, quindi lì troveremo qualcosa. Magari un anello, una collana o altro».

Sposta il dito fino a indicare la posizione del negozio sulla mappa, a metà della galleria di sinistra.

«Dopodiché andremo in un alimentari per cercare qualcosa di congelato» prosegue, tracciando il percorso che faremo «per poi spostarci in un negozio di abbigliamento e prendere il marsupio». Adjoa alza lo sguardo e mi fa un bel sorriso. «Finiremo questo gioco con stile».

Cerco di sorridere anch'io, ma c'è ancora qualcosa che mi preoccupa.

«E le altre voci?» chiedo, riprendendo in mano la lista. «Dove lo troviamo un cacciatore?»

«Non dobbiamo trovare nessun cacciatore» risponde. «Siamo *noi* i cacciatori, e una volta che avremo preso tutti gli oggetti sulla lista troveremo anche la Risposta. Non ci serve altro per uscire da qui. Ecco cosa significa ESITO, l'esito finale. Finalmente vediamo la fine, Aida».

Guardo in faccia la mia amica. Nonostante sorrida, ha gli occhi infossati, le lacrime versate le hanno lasciato le occhiaie.

Penso a Ibrahim e a Min e a tutto quello che abbiamo visto finora. La soffitta in fiamme e la biblioteca della polvere, la tomba maledetta e ora questo centro commerciale deserto. E mentre penso, non posso fare a meno di domandare a voce alta: «Pensi ancora che sia un gioco?»

Adjoa si morde un labbro, quasi avesse paura di rispondere.

«Deve esserlo» dice alla fine. «E noi dobbiamo assicurarci di vincere».

Si volta verso la galleria buia, cominciando a seguire il percorso cha ha tracciato con il dito. Si gira a guardarmi un attimo e mi fa un cenno. «Dai, Aida».

16

«Cosa pensi sia successo qui?» chiedo, scrutando le ombre mutevoli mentre percorriamo la galleria buia. Quando passiamo davanti ai negozi con le saracinesche abbassate, tutte ammaccate e divelte, i vetri rotti scricchiolano sotto i nostri piedi. Non abbiamo torce elettriche che possano illuminarci il cammino, quindi dobbiamo fare affidamento sui raggi di luce che entrano dalle aperture nel soffitto, deboli chiazze luminose che si posano sulle pozzanghere e sui mucchi di macerie che popolano questo luogo al posto delle persone. «Dove sono tutti?»

«Non lo so» risponde Adjoa, la sua voce vicina nel

buio. «Ma almeno non dobbiamo preoccuparci delle file per i saldi».

Rabbrividisco alla vista di un manichino senza testa buttato a terra tra la polvere, anche perché mi fa ripensare al mucchio d'ossa nella tomba della Regina Rossa. Intorno al manichino sono sparpagliati manifesti con la scritta SALDI e i cartellini proclamano orgogliosamente FUORI TUTTO. Mentre ascolto il silenzio che riempie il centro commerciale, però, sembra che tutto se ne sia già andato.

Non è rimasto più niente.

Un'ondata di tristezza si abbatte su di me. Papà aveva detto che questo gioco sarebbe stato il regalo perfetto, ma qui nell'Escape non ho trovato altro che distruzione insensata. Non credo mi avrebbe fatto partecipare se l'avesse saputo. L'unica speranza a cui posso aggrapparmi ormai è che la Risposta possa dare un senso a ogni cosa. Sempre se riusciamo a trovarla...

«Mi sa che ci siamo» dice Adjoa tirandomi per un braccio e interrompendo il corso dei miei pensieri.

Si è fermata davanti a un negozio anonimo a cui hanno staccato mezza insegna. Sono rimaste solo le ultime lettere.

ELLERIA

Proprio come tutti gli altri negozi davanti a cui siamo passate, anche la gioielleria è al buio. La saracinesca è abbassata, ma sembra che qualcuno l'abbia sfondata. Nel metallo è stato praticato un enorme squarcio, i cui bordi affilati sono ripiegati in fuori per creare un varco d'ingresso.

«Seguimi».

Adjoa prende l'iniziativa e s'infila nell'apertura calpestando i cocci di vetro.

«Sei sicura che sia una buona idea?» chiedo mentre le vado dietro, attanagliata dall'agitazione.

Lei non risponde subito; le scarpe da ginnastica fanno scricchiolare i vetri, e all'improvviso la sua figura si staglia contro una strana luce azzurra. «Guarda qui».

A quanto pare, all'interno del negozio c'è più luce, grazie a un bagliore luminescente che proviene dal basso. Mi guardo intorno, sforzandomi di capire quel che ho davanti. È come se fossimo sott'acqua, il vetro in frantumi che ricopre il pavimento brilla di una luce iridescente. Ha l'aspetto di un mare di oggetti splendenti che luccicano di verde-azzurro. All'inizio penso che siano pesci scintillanti, ma poi mi rendo conto che sono orologi, con quadranti luminosi e lancette che brillano al buio.

A mano a mano che gli occhi si abituano alla luce, comincio a distinguere le vetrinette fracassate e il loro contenuto sparso a terra. In mezzo ai quadranti, vedo le scie d'argento di orecchini e collane, che scintillano come un tesoro sul fondo del mare.

«Non pensavo sarebbe stato così facile» dice Adjoa accovacciandosi a terra per frugare tra i gioielli sparpagliati. «Dev'esserci qualcosa d'oro qui in mezzo».

Sto per mettermi a cercare anch'io, quando sento un rumore, come dei passi felpati che sembrano arrivare dal fondo del negozio. Mi volto, pensando che possa essere Oscar, anche lui sulle tracce della Risposta, e la vedo.

Ha la stazza di un orso e si muove su quattro zampe possenti. La pelliccia dorata splende nella luce incerta mentre avanza silenziosamente verso di me. Trattengo il respiro, incredula, mentre fisso negli occhi il felino più grosso che abbia mai visto. Anche loro luccicano, ma sono i due lunghi denti affilati che scendono ricurvi dalla mascella superiore a farmi battere il cuore per la paura.

È una tigre dai denti a sciabola.

«Ah, questa è carina» dice Adjoa prendendo una collana scintillante. «Ma credo sia platino, non oro».

Non l'ha ancora vista, concentrata com'è sui gioielli sparpagliati a terra.

Vorrei urlare per avvisarla, ma le parole mi muoiono in gola mentre guardo la tigre spalancare le fauci. Siamo venute qui a cercare qualcosa di dorato, ma è stato quel qualcosa a trovare noi.

E poi la belva balza in avanti con un ruggito gutturale.

Sembra andare tutto al rallentatore, mentre mi lancio all'indietro, il campo visivo pieno di denti e artigli. Le zanne fendono l'aria nel punto in cui mi trovavo un attimo fa e la tigre atterra con un ringhio di frustrazione, riducendo i pezzi di vetro in polvere con le zampe possenti.

«Ma cosa...»

Adjoa si volta e sgrana gli occhi per la paura nel vedere l'animale estinto avanzare a pochi metri da lei. La afferro per un braccio e corro verso l'uscita, mentre la tigre ci ringhia dietro. Ci infiliamo nel varco aperto nella saracinesca e un attimo dopo il metallo vibra quando la creatura mastodontica va a sbatterci contro.

Mi giro e afferro i bordi frastagliati cercando di richiuderli per evitare che la belva riesca a passare. La tigre si abbatte di nuovo sulla saracinesca facendola tremare; il metallo geme come se l'intera struttura stesse per crollare.

«Cos'è quella cosa?» chiede Adjoa con voce agitata, ansimando.

Stringendo i denti per il dolore, cerco di richiudere i bordi di metallo con forza; la bestia dà una zampata tremenda al varco che si sta richiudendo, e la saracinesca trema di nuovo. È impossibile sapere per quanto tempo la conterrà, ma d'altra parte è impossibile pensare che un animale del genere sia davvero qui. La tigre dai denti a sciabola si è estinta migliaia di anni fa.

Dobbiamo andarcene da questo posto. Mi giro e guardo le ombre in lontananza cercando di individuare la via del ritorno. Il centro commerciale è diverso ora, immerso nel buio, e in lontananza si stagliano gigantesche figure che sembrano congelate nel tempo. La più grande ha le dimensioni di un elefante, la massa indistinta tocca quasi il soffitto e blocca il corridoio davanti a noi.

Adjoa urla sentendo la tigre gettarsi di nuovo contro la saracinesca. Il metallo sussulta violentemente, facendo staccare altri pannelli dal soffitto. Attraverso le nuove aperture, i raggi di luce illuminano la scena e l'enorme ombra davanti a noi.

Quella che credevo fosse una statua è in realtà un animale. Il corpo mastodontico è ricoperto da una fitta peluria rossiccia e si regge su zampe grosse come tronchi d'albero, mentre il largo dorso spiovente risale fino a una sommità a punta. Quando la testa si volta verso di me sento frusciare il pelo ruvido e poi vedo le lunghe zanne ricurve, che nella penombra somigliano a due punti interrogativi gemelli.

Vacillo, con il corpo ma anche con la mente, incapace di elaborare quello che vedo davanti a me. E poi la bestia solleva la proboscide ed emette un barrito che scuote l'intero centro commerciale.

È un mammut lanoso.

17

Guardo paralizzata una creatura che non dovrebbe esistere.

Le zanne d'avorio, lunghe tre metri se non di più, ruotano bruscamente verso di me. Ai lati della strana testa a punta ci sono due piccole orecchie lanose e gli occhi scuri guardano dritti nei miei. Poi la saracinesca di metallo dietro di noi sbatte di nuovo con violenza per la rabbia collerica della tigre dai denti a sciabola, ancora prigioniera.

Il mammut solleva la proboscide, facendo risuonare nell'aria un altro barrito di ammonimento. Nell'oscurità, vedo muoversi alcune ombre alle sue spalle e poi capisco che si stanno dirigendo proprio verso di noi.

«Corri!» grida Adjoa prendendomi per un braccio mentre il mammut lancia la sua carica tumultuosa. La terra trema, e noi corriamo incespicando verso un chiosco di dolciumi per cercare riparo. Contro il chiosco color confetto sono accatastati sedili divelti, così ci accovacciamo dietro, rannicchiandoci impaurite mentre, al di sopra del frastuono, sentiamo un coro assordante di barriti.

Guardo sbalordita il branco indistinto di mammut passarci accanto con gran fragore; agitano le proboscidi da una parte all'altra e corrono tumultuosamente. Ondeggiando impaurita, una delle bestie esagitate sbatte contro la facciata buia della gioielleria e porta via la saracinesca con le zanne.

Mentre il mammut barcolla, sento il ruggito esultante della tigre dai denti a sciabola, nuovamente padrona della sua libertà. Il rumore della corsa si affievolisce, ma non appena il mammut ricomincia ad avanzare scuotendo la testa, vedo un'ombra dorata seguire di soppiatto i suoi passi sgraziati.

«Che facciamo adesso?» sussurra Adjoa, stretta a me dietro il nascondiglio di fortuna.

Mi porto un dito alle labbra e le faccio segno di seguirmi mentre mi muovo furtiva in direzione opposta.

Sento i mammut barrire in lontananza e spero che la tigre sia ancora sulle loro tracce invece che sulle nostre.

L'ampio corridoio che attraversa la galleria di negozi è ancora immerso nel buio, ma nella penombra mi sembra di scorgere altre forme. È impossibile distinguerne i dettagli, i pallidi raggi di luce illuminano soltanto i contorni. A un certo punto, però, le ombre nere come l'inchiostro si muovono e dall'oscurità emergono le sagome di grossi animali. Vedo orsi e bisonti, cervi giganteschi con palchi talmente grandi che sembrano occupare l'intera galleria. Mi sembra di vedere qualcosa che somiglia a un rinoceronte, ma coperto di una pelliccia lunga e folta. Ci sono poi animali ancora più strani che nemmeno riconosco, con grandi corna ed enormi becchi terrificanti.

Mi paralizzo. Non c'è modo di oltrepassare questa schiera confusa e nemmeno di tornare indietro, a giudicare dai passi tonanti dei mammut alle nostre spalle. Mi guardo intorno in cerca di una via di fuga.

La maggior parte dei negozi è al buio, con le saracinesche abbassate contro la devastazione, ma poi vedo uno spiraglio di luce filtrare da una vetrina. A differenza degli altri negozi, questo non ha saracinesche. L'ingresso è sbarrato da assi di legno, sulle quali riesco a distinguere nella semioscurità le parole IN RISTRUTTURAZIONE.

La luce proviene da una fessura tra le assi, uno spicchio d'argento che mostra l'entrata. O forse è un'uscita.

«Da questa parte» sussurro, tirando Adjoa per il braccio.

Cercando di fare meno rumore possibile, corriamo verso il negozio sbarrato. Sollevo l'asse rotta tenendola aperta in modo che Adjoa possa scavalcare e strizzo gli occhi alla luce argentea che si riversa fuori. Mi guardo alle spalle nel timore che qualche bestia possa averci viste, poi la seguo velocemente lasciando andare l'asse, che ritorna al suo posto.

L'interno è ancora più luminoso e batto le palpebre per abituarmi alla luce. Arriva da una lampada d'emergenza collocata accanto all'ingresso, il cui fascio abbagliante è diretto verso l'ambiente che abbiamo davanti. Vedo scaffalature vuote e barre appendiabiti disposte in fila sul pavimento piastrellato, la metà delle quali sembra pronta per essere eliminata, a giudicare dai ripiani ingialliti e rotti, mentre altre paiono nuove di zecca, ancora avvolte nel cellophane. Da alcuni punti del soffitto pendono cavi elettrici, i fili scoperti intrecciati tra loro come viti appassite.

«Che facciamo adesso?» chiede Adjoa a bassa voce mentre ci addentriamo nel negozio. «Quelle bestie là fuori...»

Le parole le muoiono in gola, perché dalla prima corsia di scaffalature arriva uno scalpiccio di passi. Adjoa mi afferra la mano e mi affonda le unghie nella pelle. Dentro la mia testa vedo la tigre dorata, con denti, artigli e tutto il resto, venire dritta verso di me.

Il rumore si ripete a singhiozzo; ho il cuore in gola. Aspetto che la creatura venga allo scoperto mentre Adjoa geme di paura. Poi lo scalpiccio si interrompe e da un capo dello scaffale vedo sbucare un musetto peloso.

Non riesco a trattenere un sorriso mentre l'animaletto gira l'angolo saltellando e le mie terribili paure svaniscono davanti ai miei occhi.

È un cucciolo di canguro.

Mi libero dalla stretta di Adjoa e mi chino verso il cangurino che saltella verso di me. La pelliccia grigio scuro vira al grigio chiaro verso la punta della coda, mentre quella sulla pancia è di un biondo caldo. In posizione eretta, il piccolo canguro mi arriva appena a metà stinco. Quando lo guardo negli occhi, che brillano come perle nere, non posso fare a meno di pensare che mi stia giudicando.

«Ehi» dico con dolcezza per non spaventarlo.

Lui risponde con un pigolio. Poi mi salta in grembo e mi si accuccia nell'incavo del braccio.

«Non dovresti prenderlo» dice Adjoa con tono di ammonimento. «È un animale selvatico»

«*Sssh*». Lo accarezzo con la mano libera, sentendo il calore della pelliccia morbida e setosa. «Lo spaventi».

Il canguro alza lo sguardo curioso su di me. Ha una caratteristica macchia nera a V che parte dal muso e arriva agli occhi, mentre nel resto della testa il pelo è color camoscio.

«Da dove arrivi?» chiedo ad alta voce.

«Sono più preoccupata degli altri» risponde Adjoa, guardandosi furtivamente alle spalle. «Dobbiamo uscire di qui, Aida».

Annuisco, ma poi mi blocco sentendo uno strano quadrato di stoffa sotto la mano mentre accarezzo il cangurino sulla schiena.

«E questo cos'è?»

Sembra un cartellino, ma non appena cerco di guardarlo meglio il canguro si dimena.

«Stai fermo» gli dico, cercando di calmarlo mentre con le dita esamino delicatamente l'etichetta, che sembra cucita nella pelliccia. Il sistema funziona e piano

piano il cangurino drizza le orecchie con aria curiosa, così riesco a leggere quello che c'è scritto sul cartellino.

> Il wallaby di Grey era una specie originaria dell'Australia. È il più elegante, leggiadro e veloce canguro mai esistito e la ragione che ha portato alla sua estinzione è stata la caccia per mano dell'uomo. L'ultimo esemplare ha vissuto dodici anni in cattività ed è morto nel 1939…

Mi interrompo nel vedere il wallaby che mi guarda con occhi splendenti. Non riesco a credere che qualcuno abbia voluto fare del male a un animale così bello. Il cangurino strofina il muso contro di me ed emette un leggero pigolio come se cercasse di dirmi qualcosa.

«Va tutto bene» gli dico accarezzandogli il pelo grigio. Riesco a sentire il calore del suo corpicino contro il mio. Sembra così vivo, anche se l'etichetta cucita alla pelliccia lo fa sembrare un peluche. «Ci penso io a tenerti al sicuro, Wally».

Il wallaby pigola di nuovo. A quanto pare il nome gli piace.

«Perfetto, allora ti chiamerò Wally».

Sorrido e guardo Adjoa, ma la mia amica è ancora adombrata.

«Che c'è? Non pensi che abbia la faccia da Wally?»

«Il problema non è il nome, Aida» risponde lei, le lentiggini increspate da rughe di preoccupazione. «È il fatto che sia qui»

«In che senso?»

«Pensa a tutto quello che abbiamo visto da quando siamo arrivate in questo centro commerciale» dice Adjoa, mentre le sue parole allarmate mi si insinuano nel cervello. «La tigre dai denti a sciabola, i mammut lanosi, tutte quelle creature assurde là fuori. E ora questo cangurino...»

«È un wallaby» dico, tenendomi ancora il piccolo accucciato in grembo.

«Ma non dovrebbe essere qui, Aida!» sbotta lei. Il suono squillante della sua voce fa tremare Wally. «Nessuno di questi animali dovrebbe stare qui. Sono tutti estinti!»

Comincio a sentirmi irrequieta e spunto mentalmente le parole dalla lista, una dopo l'altra.

DORATO

CONGELATO

MARSUPIO

Un improvviso rumore mi fa girare verso l'ingresso sbarrato. Wally è ancora rintanato tra le mie braccia. Adjoa si volta di scatto, afferra un palo di ferro e, brandendolo a mo' di arma, si prepara a difenderci. Qualcosa si sta facendo largo attraverso l'asse rotta.

La lampada d'emergenza è puntata dritta verso di noi e il fascio di luce ci impedisce di vedere bene. Poi una figura indistinta si avvicina a noi barcollando e mi rendo conto che si tratta di Oscar.

La felpa nera è a brandelli, mentre i pantaloni da corsa sono strappati all'altezza delle ginocchia. Ha il respiro affannoso e ci guarda con gli occhi stralunati.

«È pieno di mostri là fuori» farfuglia agitatissimo. «Mi hanno assalito. Pensavo di morire».

Oscar cade sulle ginocchia e a quel punto vedo che dietro di lui c'è qualcuno.

«Mi ha salvato lui».

18

La figura bassa e massiccia fa un passo verso la luce.

Ha l'aspetto di un uomo delle caverne. Il petto nudo e le braccia sono coperti da una peluria folta e nera, e avvolta intorno alla vita ha una pelliccia sudicia che sembra una pelle di animale. Guarda Oscar come a controllare che sia al sicuro e poi si accoscia anche lui.

«Non ci credo» mormora Adjoa, lasciando andare il palo che teneva in mano. «È un uomo di Neanderthal».

Osservo l'uomo. La faccia dal naso ampio è incorniciata da folti capelli arruffati e tracce di quello che sembra sangue rappreso sulle guance. Da sotto l'arcata sporgente delle sopracciglia folte, gli occhi scuri del Neanderthal osservano me.

Spunto silenziosamente un'altra voce della lista: CACCIATORE.

«Mi ha portato lui qui» dice Oscar, strisciando in avanti mentre anche Adjoa si accovaccia a terra. Ora tutti e quattro formiamo una specie di cerchio. «Credo che possa aiutarci».

Wally, sempre nel mio grembo, si dimena e io scuoto la testa incredula. Non so che cosa voglia dire Oscar. Siamo venuti qui a cercare la Risposta, non il Mondo Perduto. Come può aiutarci quest'uomo delle caverne? Questo non è il suo tempo. E nemmeno il suo luogo.

«Vale la pena tentare» dice Adjoa. Il suono della sua voce nell'orecchio mi sorprende. «Mostragli la lista, Aida».

Mi abbottono la giacca per tenere Wally al sicuro, poi tiro fuori di tasca il pezzo di carta e lo porgo all'uomo delle caverne. Mi trema leggermente la mano.

«Dobbiamo trovare l'uscita» dico, puntando il pollice sull'ultima parola. «L'uscita che ci serve per arrivare alla conclusione, all'esito del gioco».

Fisso l'uomo di Neanderthal negli occhi, le nostre menti sono separate da decine di migliaia di anni.

«Puoi aiutarci?»

Lui mi fissa senza espressione. Nei suoi occhi scuri vedo il mio riflesso.

Non capisce che cosa voglio dire. Non può aiutarci. Nessuno può aiutarci.

Poi però allunga la mano e prende il foglietto. Lo infila nella pelliccia, si alza lentamente in piedi e ci fa cenno di seguirlo mentre si dirige risoluto verso la vetrina sbarrata con le assi.

«Ve l'ho detto» dice Oscar scattando in piedi. «Andiamo».

L'uomo spinge l'asse rotta e sbircia dalla fessura, il suo corpo tarchiato si staglia contro l'oscurità di fuori. Poi si volta un attimo verso di noi e ci fa segno di sbrigarci. Sento il calore del respiro del wallaby, che mi strofina il muso contro il collo, rintanato dentro la mia giacca, mentre seguo velocemente Oscar fuori dall'apertura. Adjoa e il Neanderthal sono subito dietro di me e tutti e quattro usciamo nel buio del centro commerciale.

La mente va a mille mentre scruto le sagome indistinte e sento gli strani rumori delle bestie sconosciute echeggiare nelle tenebre. Anche l'uomo di Neanderthal fissa l'oscurità, e le ombre che cadono sulla sua faccia sporgente non riescono a nascondere lo sguardo impaurito nei suoi occhi. Con un gesto silenzioso ci fa cenno di seguirlo, tenendoci vicini alle facciate dei negozi sbarrati mentre seguiamo le sue orme.

«Credi che sappia dove stiamo andando?» chiede Adjoa di fianco a me, la voce un po' più di un sussurro.

Scuoto la testa. «Non lo so».

Davanti a noi, intanto, il Neanderthal si è fermato di fronte a un altro negozio distrutto. Ai suoi piedi c'è un'insegna caduta, i cui contorni somigliano a una mela morsicata. Le saracinesche sono abbassate, ma quando l'uomo spinge un angolo vedo un varco.

Facendo segno di sbrigarci, l'uomo si fa largo con una spallata e ci tiene aperta la saracinesca divelta invitandoci a seguirlo. Oscar è il primo a passare, io stringo Wally tra le braccia per tenerlo al sicuro e mi infilo dopo di lui. Mi volto appena a guardare Adjoa, due passi dietro di me. E poi vedo una macchia dorata con denti e artigli scaraventarsi contro di lei e sento il ringhio con un secondo di ritardo.

«No!»

C'è uno scricchiolio ripugnante quando la tigre dai denti a sciabola torce la testa e io intravedo Adjoa pendere esanime dalle fauci.

«Oh no, oh no, oh no...»

Il Neanderthal richiude la saracinesca bloccando fuori l'orrore, ma io non riesco a smettere di singhiozzare. Oscar mi trascina via mentre urlo disperata e la mia mente riproduce all'infinito la scena di Adjoa spazzata via dalla faccia della Terra.

«Non c'è più, Aida» dice Oscar, agitato. «Ti prego, fa' silenzio, altrimenti i prossimi saremo noi».

Dentro la mia giacca, Wally pigola e io nascondo la faccia nel suo pelo.

Min, Ibrahim e ora Adjoa. Tutti scomparsi. Questo gioco sarà la fine di tutti noi.

Sento una mano sulla spalla, alzo la testa e vedo che il Neanderthal mi guarda. Ha gli occhi tristi, come se riconoscesse il mio dolore. Mi porge il foglietto sgualcito e io lo prendo.

Guardo la lista, ogni voce mi ricorda quello che è andato storto, ma quando leggo l'ultima mi rendo conto che è cambiata. Le lettere sono sbavate, i segni neri ora compongono una parola del tutto nuova.

ESTINTO

Alzo gli occhi e incrocio lo sguardo del Neanderthal. Questo antico essere umano ha camminato per l'ultima volta sulla Terra quarantamila anni fa e poi si è estinto. Alcuni pensano che sia stato l'*Homo sapiens* – l'uomo sapiente, l'essere umano moderno – a sterminare i Neanderthal, esattamente come ha fatto con il resto degli animali che abbiamo visto in questo posto. Ma io non vedo saggezza nell'estinzione...

Il Neanderthal si volta e comincia a camminare verso la parete in fondo. Mi guardo intorno e vedo che siamo in un negozio di elettronica. Lunghi tavoli in legno d'acero sono pieni di smartphone, tablet e computer disposti ordinatamente in fila, tutti ricoperti da uno strato di polvere grigia. Il Neanderthal però ignora i dispositivi e prosegue fermandosi davanti a un grande schermo rettangolare fissato al centro della parete.

Ha l'aspetto di uno specchio nero alto due metri e largo la metà. Quando raggiungo il Neanderthal vedo il mio riflesso. Oscar, accanto a lui, si guarda alle spalle impaurito.

Gli abbiamo chiesto di aiutarci a trovare l'uscita, ma questo è un vicolo cieco.

Poi l'uomo tocca lo schermo. La mano si muove con decisione mentre disegna una grossa linea rossa che segue le sue dita come se stesse dipingendo. Lo osservo sbalordita tracciare una seconda linea verticale, parallela alla prima, e poi tante linee orizzontali che collegano le prime due, simili ai pioli di una scala.

Sta creando arte.

Lo schermo non ricorda più uno specchio. Mi sembra di fissare il buio di una caverna, la scala diventa vera e scende verso l'oscurità.

Poi si sente un forte schianto, mi volto e vedo la tigre dai denti a sciabola che cerca di passare dalla saracinesca dilaniata. Con un brivido di orrore, mi accorgo che le due enormi zanne ricurve sono macchiate di rosso.

All'interno della mia giacca, la coda di Wally si agita avanti e indietro, come se percepisse il mio panico. Mi volto verso l'uomo delle caverne mentre Oscar impreca sottovoce e la tigre scuote la saracinesca per cercare di entrare.

Con un grugnito di incoraggiamento, il Neanderthal mi spinge avanti e, quando allungo le braccia, le mani trovano i pioli della scala. Sono *veri*.

Oscar mi urla di sbrigarmi e inizio a scendere. Sotto le dita, i pioli sono bagnati, come se fossero stati verniciati di fresco. Scruto giù nell'oscurità. La scala non sembra essere agganciata a nulla e si estende parecchio sotto di me; i montanti rossi paralleli non raggiungono mai un punto di fuga. È come se stessi scendendo in un pozzo senza fondo.

Mi volto appena a guardare e vedo il Neanderthal girarsi per affrontare la tigre dai denti a sciabola che è riuscita ad aprirsi un varco nella saracinesca. A quel punto il negozio scompare alla vista e vengo avvolta dalle tenebre. Sento dei passi sopra di me. Oscar sta scendendo, siamo soli nel buio.

Non riesco a trattenermi dal piangere, lacrime silenziose mi rigano il viso mentre penso a quello che abbiamo perso. Adjoa, Ibrahim, Min, persino la strana gentilezza dell'uomo di Neanderthal che ci ha mostrato la strada. Le mani vanno giù, un piolo dopo l'altro. Ho la sensazione di scendere agli inferi; il buio che mi avvolge è assoluto.

Stringo forte le palpebre per cercare di fermare le lacrime, ma l'oscurità resta. Siamo venuti qui per cercare la Risposta, eppure quando riapro gli occhi non vedo nulla.

Mi sembra di essere scesa per un'eternità: la scala per la biblioteca, i gradini che si sono sgretolati facendomi precipitare nella tomba del tempio, la scala mobile rotta che portava al centro commerciale. Continuiamo a scendere, sempre più in basso, nell'oscurità.

Ma poi vedo le stelle.

19

All'inizio penso di essermele immaginate, ma l'oscurità davanti ai miei occhi è punteggiata da centinaia di migliaia di spilli luminosi. È come se stessi guardando da una finestra verso l'infinito: il buio sconfinato dello spazio pieno di stelle.

Con mia grande sorpresa, mi accorgo di aver smesso di scendere; i pioli della scala che sentivo sotto le mani e sotto i piedi solo qualche istante fa sono scomparsi. Poi mi rendo conto che quella a cui sto fluttuando davanti è *davvero* una finestra.

Dentro la giacca sento che anche il peso di Wally si solleva, il wallaby pigola nervoso e mette fuori la testa per guardare le stelle. Sento uno strattone al braccio, mi volto e vedo Oscar sospeso nell'aria accanto a me. Ha gli occhi sgranati mentre anche lui guarda dalla finestra.

«Dove siamo?» mormora.

Fisso le stelle, cercando di esprimere la mia risposta a parole. Da quando siamo entrati nell'Escape, quasi ogni stanza esplorata è sembrata più grande della precedente: la soffitta, la biblioteca, il centro commerciale. È come se l'Escape fosse una sorta di TARDIS, la macchina del tempo di *Doctor Who*: più grande all'interno che all'esterno. E ora sembra contenga l'intero universo...

In mezzo alla miriade di stelle individuo un tenue puntino azzurro. Non riesco a vedere la forma delle terre né gli oceani, ma capisco subito di cosa si tratta.

«Quella è la Terra» dico, guardando il puntino che sembra rimpicciolirsi un po' davanti ai miei occhi. «E stiamo andando nella direzione sbagliata».

Mi allontano dalla finestra e ruoto in assenza di gravità; lo sguardo abbraccia frenetico l'interno di un veicolo spaziale. Il candore asettico mi ricorda la reception dell'Escape; mentre quella mi aveva dato l'impressione di poter contenere migliaia di persone, però, questa capsula angusta sembra grande appena per una manciata di individui.

Contro le pareti inclinate sono sistemati cinque sedili imbottiti reclinabili, pensati per accogliere l'equipaggio. Di fronte c'è un pannello di controllo, e sopra altre finestrature d'osservazione. Attraverso i vetri vedo altre stelle che risplendono nel buio, ma da quello centrale, rettangolare, vedo anche una sfera rossa che si allarga sempre più, rivelando la direzione verso cui stiamo andando.

So che cos'è, ho riconosciuto il pianeta rosso grazie alle pagine della mia *Guida definitiva al sistema solare*.

È Marte.

Mentre Wally si contorce dentro la mia giacca, mi avvicino al pannello di controllo e osservo la sfilza di interruttori e pulsanti che circondano lo schermo del computer. Il display è spento, nero come il cielo infinito. A destra ci sono un joystick e altri pulsanti contrassegnati con ALIMENTATORE AUSILIARIO e COMANDO DI EMERGENZA. Mi metto a premere pulsanti a caso, sperando di far riaccendere il pannello di controllo.

«Che fai?» chiede Oscar sbattendo contro la mia spalla mentre mi raggiunge alla console. «Chi ti ha detto di metterti al comando?»

Io però non ho tempo di rispondere, perché il display si accende con uno sfarfallio e vedo comparire un'immagine di Marte.

«Benvenuti all'Escape» dice una voce, e il suono riempie la capsula. «I problemi della Terra sono diventati insormontabili, pertanto è stata inviata questa missione per creare una nuova casa all'umanità. Una colonia su Marte darà alla razza umana una nuova frontiera da esplorare».

Mentre la voce continua a parlare, sullo schermo scorrono le immagini della colonia. Illustrazioni retrofuturistiche mostrano famiglie che passeggiano lungo tunnel dell'era spaziale, le facce sorridenti a mostrare la felicità donata dalla nuova vita su Marte.

«Nelle grotte sotterranee di un vulcano spento» prosegue la voce «mezzo milione di persone vivrà in habitat artificiali, al riparo dalle potenti radiazioni cosmiche che colpiscono la superficie di Marte. Complessi sistemi di supporto vitale forniranno un'atmosfera respirabile, mentre le risorse del pianeta saranno sfruttate per produrre cibo, energia e acqua».

Mentre ascolto, mi rendo conto di aver già sentito la voce. È quella che ci ha accolto nell'atrio dell'Escape. L'Host ci sta dicendo quanto tempo ci è rimasto per giocare.

«L'Escape raggiungerà Marte tra 174 giorni. Vi auguriamo buon viaggio».

Lo schermo torna nero e io guardo Oscar, che ha un punto interrogativo dipinto in faccia.

«Sta succedendo davvero?» chiede.

«Non lo so» rispondo, pigiando ripetutamente i pulsanti sul pannello di controllo per cercare di far tornare la voce. «Ma non è questa la Risposta. Noi dovremmo salvare il mondo, non abbandonarlo».

Sento Wally che si contorce dentro la giacca, il wallaby privo di peso cerca di liberarsi per scoprire che cosa si prova a saltare in assenza di gravità. Poi però il suono improvviso di un allarme lo paralizza dalla paura.

«Cos'è?» grido per sovrastare l'urlo della sirena.

«Sarai stata tu» dice Oscar indicando il display che ha cominciato a riempirsi di messaggi. «Non avresti dovuto toccare i pulsanti».

Quando leggo le scritte sullo schermo, però, capisco di non essere stata io. Il problema è ben più grande.

ATTENZIONE
METEOROIDI IN AVVICINAMENTO
PERICOLO DI COLLISIONE

Sullo schermo le scritte scompaiono e lasciano il posto a una riproduzione dello spazio interplanetario in cui stiamo volando. Il nostro veicolo spaziale è rappresentato da un'icona triangolare al centro, mentre a un'estremità vedo una nube tremolante di minuscole particelle.

«Cosa sono quei puntini?» chiede Oscar, che mi arriva di nuovo addosso e mi spinge via per vedere meglio.

«Polvere cosmica» rispondo, poi mi sistemo nel sedile davanti allo schermo e mi allaccio la cintura di sicurezza. «Meglio se fai come me».

Galleggiando ancora in assenza di gravità, Oscar mi guarda in modo strano. «Un po' di polvere non ci farà del male, no?»

La nube di particelle si avvicina alla nave, mentre sul bordo del display compaiono altri puntini.

«Polvere cosmica significa meteoroidi» spiego a Oscar toccando la parte destra dello schermo. «Alcuni sono minuscoli come granelli di sabbia, ma ciascuno di loro viaggia a 70.000 chilometri orari. In piccolo numero sono innocui, ma se ti viene incontro uno sciame come quello devi essere veloce, a meno di non voler dire addio alla tua astronave».

Stringo la mano destra intorno al joystick e la sensazione sotto le dita è stranamente rassicurante.

«Ora mettiti seduto, ci sarà da ballare un po'».

20

Afferro il joystick e guardo attentamente lo schermo. Le particelle corrono verso l'icona triangolare al centro, la cui forma mi dice che cosa devo fare adesso.

▶

Devo giocare.

So che dovrei essere terrorizzata, ma la verità è che sono troppo euforica per avere paura. Una volta, quando ero piccola, papà mi ha portato un mucchio di vecchi videogiochi. Non mi ha spiegato cos'erano né come si giocava; li ha semplicemente caricati sul mio computer e ha lasciato che lo scoprissi da sola. Ho passato tutto il pomeriggio a cercare di capire le regole, le grafiche elementari e la musichetta a 8 bit non mi hanno impedito di collezionare una serie infinita di ottimi punteggi. Mi sono divertita *un sacco.*

E mentre guardo attenta lo sciame di meteoroidi in arrivo, mi rendo conto di aver già giocato a questo gioco.

Wally mi strofina il muso contro la pelle, la cintura di sicurezza lo tiene stretto a me. Oscar si è seduto nel sedile accanto al mio e non riesce a nascondere il fastidio che prova per il fatto che sia io ad avere in mano i comandi. Si allunga in avanti e batte sul pannello di controllo vedendo sullo schermo che lo sciame di particelle si avvicina inesorabilmente.

«Che cosa devo fare io?»

A differenza dei videogiochi di papà, questa astronave non sembra fornita di un cannone laser che Oscar possa usare per sgombrare il campo davanti a noi. Sullo schermo, il più veloce dei puntini bianchi si avvicina alla parte anteriore della nave e, guardando in alto attraverso il finestrone più grande, vedo una piccola roccia spaziale grigia che ci viene incontro.

«Tieniti forte» dico. Muovo il joystick a sinistra per sottrarmi allo scontro. Sento che il veicolo risponde al mio comando e vira a sinistra, mentre la roccia scompare dalla vista sulla destra. La gioia però dura poco, perché una foschia polverosa riempie lentamente l'intero finestrone, le rocce e i detriti si stagliano contro l'oscurità dello spazio. Guardo di nuovo lo schermo e vedo che le particelle corrispondono esattamente a quelle esterne.

Stiamo volando nel cuore dello sciame.

«Direzione sbagliata» dice Oscar, quasi compiaciuto. «Avresti dovuto far pilotare me».

Stringo il joystick più forte, cercando di non ascoltarlo. Non devo pensare al fatto che siamo a centinaia di milioni di chilometri dalla Terra e che una di queste particelle supersoniche potrebbe sfondare l'astronave. Devo solo concentrarmi sulla sensazione del joystick nella mia mano. È così che ci porterò in salvo.

Piego il joystick a sinistra e poi di nuovo a destra, con forza, e quando il veicolo comincia a zigzagare tra la nube di detriti spaziali vengo sballottata da una parte all'altra sul sedile. Muovo il joystick a sinistra, a destra e poi lo faccio ruotare a semicerchio, guardando l'icona triangolare descrivere una curva sullo schermo oltre una raffica di particelle. Tengo lo sguardo fisso sul display mentre fuori infuria la tempesta.

Non ho bisogno di vedere i meteoroidi veri e propri, devo solo convincermi di essere a casa a giocare con il vecchio videogioco arcade *Asteroids* di papà. Devo restare concentrata.

La coda di Wally mi tamburella contro la pancia, il wallaby si agita mentre muovo il joystick avanti e indietro. Via via che l'astronave schiva i colpi, le particelle sullo schermo si spostano da una parte all'altra, scomparendo oltre i bordi quando ce le lasciamo alle spalle.

Un minuscolo puntino, però, sembra sfuggire a tutte le mie manovre. Il granello insidioso è inesorabilmente attratto dalla forma triangolare della navicella. Alzo lo sguardo verso il finestrone e la vedo apparire: una palla di polvere che si accende di rosso nel momento in cui colpisce il centro esatto del vetro.

Sbam.

Sussulto, aspettando che compaia una crepa. Ma il segno lasciato dall'impatto svanisce rapidamente e ora oltre il vetro intatto vedo solo la vuota oscurità dello spazio.

Abbasso lo sguardo sul display del pannello di controllo e vedo lo stesso vuoto. Niente più meteoroidi, il campo visivo è completamente sgombro.

Ce l'abbiamo fatta.

«Ottima partita» dice Oscar, e poi mi dà una pacca sulla spalla.

Mentre Wally mi si agita in grembo, incrocio lo sguardo del mio compagno d'avventura. Da quando siamo entrati nell'Escape, ha manifestato disprezzo per ogni mia idea. Adjoa diceva che era il classico distruttore, ma ora che vedo il suo sorriso pieno di gratitudine penso che forse è cambiato. Non posso non ricambiare il sorriso, sentendo di aver dato finalmente prova del mio valore. Ma poi vedo che cambia espressione, spalanca la bocca e dalle labbra gli scappa una sola parola.

«Oddio».

I miei occhi tornano allo schermo e vedo immediatamente la causa del suo sgomento. Dal bordo superiore spuntano altre forme; stavolta non sono frammenti, ma grumi più grossi che vengono dritti verso di noi. Alzo lo sguardo verso il finestrone e vedo comparire all'orizzonte un mare solido di rocce ruzzolanti. Alcune sono grandi come massi, altre sembrano ancora più grosse, le superfici grigio polvere coperte di crateri e cicatrici.

Questi non sono meteoroidi, sono *asteroidi.*

«E ora che facciamo?» grida Oscar e nello stesso momento la sirena si rimette a suonare.

Mi prenderei a sberle per essermi rilassata troppo presto. Avrei dovuto ricordarmelo da quella volta in cui ho giocato con il vecchio videogame di papà: c'è sempre una seconda ondata ancora più difficile da schivare.

Afferro il joystick e lo tiro indietro con forza per cercare di trovare uno spicchio di spazio vuoto. Ma dal finestrone vedo sempre la stessa marea infinita di asteroidi. Piego il joystick di lato, sperando di girare intorno alle rocce, però non sembra esserci nessuna via d'uscita, dal momento che il nero intorno a noi è sostituito da un grigio screziato.

Stiamo per schiantarci…

BOOM!

La violenza improvvisa dell'impatto mi scaraventa giù dal sedile, la cintura si strappa e vengo catapultata verso la parete. Incrocio le braccia al petto per proteggere Wally e sbatto contro il fianco della capsula mentre lampeggiano luci rosse. Mi gira la testa e sento uno strano sibilo.

Galleggiando senza peso in una tempesta di detriti, mi giro per guardare fuori dal finestrone. Vedo un'oscurità totale costellata di stelle, ma è lo sfregio che ho davanti a farmi paralizzare dalla paura.

Nel vetro c'è una crepa.

Mentre Wally lotta per liberarsi, io mi spingo verso Oscar, che ha la testa china sul pannello di controllo.

«Dobbiamo uscire da qui» grida, e il sibilo è forte quasi quanto l'urlo della sirena adesso. «Guarda!»

Sul display la riproduzione dello spazio esterno è scomparsa e al suo posto c'è un messaggio.

ATTENZIONE

DANNO IRREPARABILE

CAPSULA DI SALVATAGGIO ATTIVATA

Da sotto di noi arriva un rumore stridulo, guardo in basso e vedo aprirsi un portello al centro del pavimento.

«Forza!»

Mi allontano dalla console e mi lancio verso l'apertura. Le spie luminose rosse lampeggiano mentre mi faccio largo fra i detriti galleggianti. Sento Oscar borbottare dietro di me mentre spinge via un estintore vorticante, poi riesco ad afferrare il bordo del portello.

Quando guardo giù nella capsula di salvataggio, vedo un unico sedile molto imbottito che occupa tutto lo spazio disponibile. Non c'è posto per nient'altro: questa minuscola scialuppa può contenere una sola persona.

«Non è possibile» dico. «C'è un solo sedile».

Oscar afferra il portello, sento un clangore metallico e poi una spinta forte tra le scapole. Cado in avanti e atterro dentro la capsula di salvataggio, dove il sedile imbottito attutisce l'impatto mentre Wally pigola di paura.

«Che fai?» grido, cercando di uscire mentre il sibilo si fa ancora più forte.

Sopra il portello riesco solo a vedere la forma della testa di Oscar e un alone di detriti che gli galleggiano intorno. Mentre il finestrone va in frantumi alle sue spalle, lui si rivolge a me.

«Non c'è tempo di discutere su chi di noi due debba scappare» dice, cominciando ad abbassare il portello. «Devi essere tu».

«No!»

Allungo la mano per fermarlo, ma lui è più veloce di me. Le dita tese sfiorano la parte inferiore imbottita dell'anta che si chiude sopra la mia testa. C'è un attimo di silenzio, poi sento di nuovo un rumore stridulo, come se qualcuno stringesse il coperchio.

Wally mi gratta il petto, i pigolii disperati quasi non si sentono nel frastuono assordante.

«Perché?» singhiozzo, senza neanche sapere se Oscar

riesca a sentirmi, crollando contro lo schienale del sedile imbottito.

Poi il rumore cessa e sento il suono gracchiante della sua voce attraverso l'interfono.

«Perché sei la migliore in questo gioco, Aida» dice, e un forte sibilo sottolinea ogni sua parola. «Lo sei stata per tutto il tempo, nell'Escape: hai battuto il giocatore di scacchi, costruito l'albero nella biblioteca e persino trovato l'uscita dalla tomba. Sei tu che ci hai portati fin qui e c'è ancora tempo per salvare il mondo».

La voce di Oscar proviene da un piccolo altoparlante rotondo incorporato nel sedile della capsula. Sul bracciolo, inoltre, vedo un minuscolo display a LED che mostra un conto alla rovescia.

«Trova la Risposta, Aida, fallo per tutti noi».

Il conto alla rovescia si azzera e poi la capsula sembra esplodere. Mi sento schiacciata all'indietro nel sedile mentre una forte vibrazione scuote la scialuppa. Non sono legata con la cintura di sicurezza, ma non riesco a muovermi comunque perché ho il corpo di Wally premuto contro il petto, siamo praticamente fusi insieme, immobili.

I pigolii del wallaby terrorizzato diventano un lamento acuto. Accelera tutto. Il suono. La luce. Il movimento. Mi sento gli occhi ruotare all'indietro nelle orbite, la pressione è insostenibile.

Da qualche parte, in lontananza, sento l'urlo da brividi del risucchio e la capsula accelera fuori controllo.

Poi perdo i sensi.

21

Quando sollevo la faccia da terra ho morbidi granelli di sabbia incollati al mento.

Batto le palpebre.

L'ultima cosa che ricordo è un urlo assordante da accelerazione e la capsula di salvataggio che sfreccia alla cieca nelle profondità dello spazio, ma adesso mi sento in paradiso.

Leggeri ciuffi di nuvole striano un cielo limpido, azzurro, il sole splende sulla sabbia dorata che arriva fino alla battigia. Oltre la spiaggia vedo il mare, un azzurro puro che si gonfia di sfumature più intense verso l'orizzonte.

Questo non è l'Escape. Ho la sensazione di essere arrivata su un'isola deserta.

Mi alzo in piedi. Un tenue profumo di fiori riempie l'aria. Davanti a me, Wally saltella verso l'ombra di una palma e le zampe posteriori scalciano nuvolette di sabbia. Mi guardo alle spalle e vedo una foresta verde, lussureggiante, la fitta vegetazione cela alla vista il resto di questo paradiso.

Un po' disorientata, mi guardo intorno ma non c'è traccia della capsula di salvataggio. Quando l'equipaggio dell'Apollo 11 è tornato dalla Luna è atterrato in mezzo al mare, ma i miei vestiti sono completamente asciutti e, anche se la spiaggia sembra cosparsa di detriti, non c'è nessuna navicella insabbiata in seguito a un atterraggio di fortuna.

Completamente frastornata, comincio a camminare verso la battigia, ma il mio sguardo si sofferma sugli innumerevoli oggetti che sembrano essere stati trasportati dalla marea. Reti da pesca, infradito, incarti per il cibo e contenitori da asporto, bicchieri, bottiglie e sacchetti di plastica. Da un pallone da spiaggia aperto a metà esce una valanga di cannucce, la cui plastica disintegrata macchia di rosso la sabbia sottostante.

Mentre avanzo con cautela in mezzo ai rifiuti, sento i

frammenti scricchiolarmi sotto i piedi. Non so per quale motivo ho pensato che fosse un paradiso. Somiglia più a una discarica.

Sento qualcosa che si muove e faccio un salto, mentre un paguro mi attraversa la strada. Invece che in una conchiglia, l'animale ha trovato casa in un barattolo da cosmetico azzurro; le zampette nere si trascinano dietro il contenitore mentre scappano a nascondersi sotto una tastiera da computer rotta.

Accanto c'è un cumulo di corpi in miniatura: bambole di plastica e *action figure* ammassate in un tumulo deforme. Mi abbasso per prendere una figura scheletrica dalla cima del mucchio, ma la plastica sbiadita dal sole mi si disintegra in mano. Questi giocattoli devono essere qui da anni.

Alzo la testa per guardare la spiaggia: i rifiuti di plastica si estendono a perdita d'occhio. Sembrano le rovine di un'antica civiltà sparse sulla sabbia.

Dalle palme di cocco pendono sacchetti. All'ombra delle foglie, Wally sta setacciando il terreno in cerca di qualcosa da mangiare.

Rivolgo di nuovo lo sguardo al mare, chiedendomi ancora dove mi trovi esattamente. Nei fondali traslucidi dell'acqua bassa vedo guizzare banchi di pesciolini caleidoscopici, e anche le onde brillano di mille colori. Guardando più da vicino, mi accorgo che le macchioline rosa, blu e bianche sono frammenti di microplastiche, miliardi di minuscole particelle che scintillano alla luce del sole.

Ggghhgghh…

Un suono come di soffocamento mi fa girare di scatto. Wally è disteso a terra, sotto la palma, il corpo contorto dal dolore. Sbatte ripetutamente la coda sulla sabbia.

«Wally!»

Corro da lui gridando il suo nome per fargli capire che sto arrivando.

Quando lo raggiungo, Wally non si muove più, la coda grigio cenere immobile sulla sabbia. Mi accovaccio e gli sollevo delicatamente la testa, cercando di capire che cosa può essere successo. Sopra la V di pelo scuro, gli occhi di Wally, le sue bellissime perle nere, mi fissano senza vedermi. La loro lucentezza è ormai offuscata in un buio senza vita.

Intorno al collo del wallaby è avvolta una collana di plastica azzurra; le maniglie di una vecchia sacca sfilacciata gli hanno tagliato la pelle. Deve aver frugato all'interno in cerca di qualcosa da mangiare e, chissà come, è rimasto impigliato. Più si dibatteva e più si impigliava, finché non è stato troppo tardi…

Cullo il bellissimo animale tra le braccia, incapace di fermare le lacrime che cominciano a rigarmi il viso. Wally era l'unica cosa che mi era rimasta, e ora non c'è più. Non riesco più a pensare, è tutto troppo doloroso. Sento crescere dal profondo un'onda anomala: uno tsunami di dolore che alla fine mi sgorga dalle labbra in un ululato bestiale.

L'isola trema al suono del mio grido.

È scomparso tutto.

Gli occhi mi bruciano per le lacrime, è come se avessi visto troppo, ma mentre guardo gli oggetti sparsi sulla sabbia sento risuonarmi in testa le parole dell'Host.

Fa tutto parte del gioco.

Osservando più da vicino, intravedo un pezzo degli scacchi semisepolto vicino alla linea dell'alta marea. Sembra un cavallo; la figura intagliata nell'avorio è nerofumo, come se fosse stata bruciata. Ci sono altri rottami e relitti portati a riva. Una conchiglia dipinta di rosso e un joystick di plastica, una vecchia tessera della biblioteca e uno smartphone rotto. Sullo schermo incrinato vedo inciso il disegno di una scala rossa. Riconosco tutto.

Comincio a mettere insieme i pezzi, la Risposta che cercavo prende lentamente forma nella mia mente.

Mentre i granelli di sabbia brillano alla luce del sole, mi rendo conto di poterli contare tutti.

Do un'ultima carezza a Wally e lo poso a terra, poi mi alzo in piedi.

Il sole splende ancora, ma mentre cammino per andare a prendere il telefono non sento più il suo calore. Appoggio lo smartphone all'orecchio e fisso il cielo mentre pronuncio le parole ad alta voce.

«Non gioco più».

C'è un attimo di silenzio e poi sento la risposta.

«È quello che dici sempre, Aida». La voce dell'uomo arriva da dietro di me. «Ma abbiamo bisogno di te per salvare il mondo».

Mi giro e vedo l'Host in piedi sulla spiaggia. Indossa una camicia bianca con il collo aperto, jeans blu scuro e scarpe beige dello stesso colore della sabbia. Mi guarda con un pizzico di delusione.

Mentre fisso i suoi occhi grigi, duri, mi ricordo chi è davvero e dove l'ho già visto. Lo conosco dal giorno in cui sono nata.

È mio padre.

22

«Perché?» chiedo.

«Perché sei l'unica che può farlo» risponde mio padre passandosi le dita tra i capelli in un gesto di esasperazione. «Una volta Albert Einstein ha detto che nessun problema può essere risolto dallo stesso livello di coscienza che l'ha creato. Ecco perché abbiamo creato te, Aida. Ti ho dato questo nome perché sapessi che cosa sei. AIDA: Artificial Intelligence-Driven Android, un androide guidato dall'intelligenza artificiale, un supercomputer che si automigliora e la cui intelligenza supera di gran lunga quella delle menti umane più brillanti».

Guardo mio padre, per nulla sorpresa. Ora so esattamente chi sono. Lo so dal momento in cui è comparso qui sulla spiaggia. Però non ha ancora risposto alla mia domanda.

«Perché vuoi che salvi il mondo?»

Mio padre scuote la testa e sospira, come se dovessi già saperlo. Sembra abbia più capelli grigi rispetto a quando ci siamo visti l'ultima volta. Il sole picchia forte e lui sembra stanco, ma comincia a spiegare.

«I problemi che la razza umana deve affrontare sono diventati troppo grandi perché possiamo risolverli da soli: fame, malattie, inquinamento, estinzione e catastrofi ambientali. Il riscaldamento globale ha reso alcune parti del mondo invivibili, mentre i governi litigano inutilmente sulle risorse in via di esaurimento. Il futuro dell'umanità aveva i giorni contati e le sfide che avevamo di fronte andavano oltre le nostre capacità. Avevamo bisogno di costruire un'intelligenza che ci aiutasse a trovare una risposta a questi problemi, una mente artificiale non vincolata dagli ottantasei miliardi di neuroni del cervello umano, ma con la capacità di elaborare centomila miliardi di istruzioni al microsecondo. Un sistema super intelligente, molto più di tutte le menti umane messe insieme. Qualcuno come te, Aida».

Lo sguardo di mio padre si posa sul mio viso e vedo l'orgoglio nei suoi occhi.

«Ho fondato la mia azienda con l'obiettivo di costruire un futuro migliore. Se i governi non volevano agire, spettava a me salvare il mondo. Negli ultimi dieci anni ho trasformato la Escape Systems nell'azienda di tecnologia leader nel pianeta e il progetto AIDA è il nostro fiore all'occhiello».

Mi irrigidisco leggermente, provo un po' di fastidio alle parole di mio padre. Non mi piace quando parla di me come se io non ci fossi. Senza accorgersi della mia irritazione, lui continua a parlare dicendomi cose che già so.

«Prima di avviare il progetto AIDA, il mio gruppo di ricercatori ha provato a costruire un sistema di intelligenza artificiale che potesse simulare una mente adulta, ma mi sono subito reso conto che questo approccio era destinato al fallimento. L'ho sfidato quindi a costruire una mente che potesse simulare quella di un ragazzino, che potesse imparare, migliorare e crescere. I bambini umani imparano giocando, così abbiamo cominciato proprio dai giochi: gli scacchi, il *go* e i classici arcade come *Asteroids*. Hai imparato a giocare a ciascuno di questi giochi e sei diventata rapidamente una maestra, battendo le migliori menti umane».

Ricordo come si è animato il giocatore di scacchi nella soffitta, quando ha allungato la mano per muovere il cavallo sulla scacchiera. Min ha detto che era una macchina che poteva battere qualsiasi umano al gioco degli scacchi, ma ora mi rendo conto che stava parlando di me.

«Poi è arrivato il momento di conoscere il mondo» continua mio padre girandosi a guardare il mare. «Ogni libro mai scritto, ogni articolo di giornale e pagina di rivista, immagini, fotografie, l'intera storia dell'umanità, ogni conquista e idea, tutto convertito in codice digitale e immagazzinato in un chip più piccolo di un granello di polvere».

Nella mia mente, vedo il totem informativo della biblioteca, il messaggio sullo schermo che mi dice che ho preso in prestito milioni di libri. E ora li ricordo tutti, ma ho ancora tante domande.

«Ma perché il gioco?» chiedo, strizzando gli occhi al sole mentre le onde lambiscono dolcemente la riva. «E dove sono tutti gli altri?»

«Dovevamo darti un obiettivo, Aida» risponde mio padre. «Volevamo che tu salvassi il mondo, ma tu volevi solo giocare. Così abbiamo ideato l'Escape. Un gioco che ti aiutasse a cercare le risposte di cui abbiamo bisogno. La civiltà umana si trova sull'orlo del precipizio, rischia di perdere tutto. Non era sufficiente farti pensare, Aida. Dovevamo fare in modo che ti importasse».

Mentre mio padre parla, la mia mente corre alle stanze del gioco: la soffitta, la biblioteca, la tomba maya e il centro commerciale; anche l'astronave diretta a colonizzare Marte. Ogni parte del gioco mi mostrava cosa avremmo potuto perdere e anche come fare a salvarlo.

«E ci sei sempre stata solo tu, Aida. Gli altri ragazzi erano solo proiezioni della tua coscienza, le reti neurali della tua mente si espandevano in nuove forme mentre provavi soluzioni diverse per poi scartarle ogni volta che qualcosa andava storto».

Sento scivolarmi una lacrima lungo la guancia. Min ci chiamava i Five Mind, ma l'unica mente che condividevamo era la mia.

Mentre guardo verso l'orizzonte, vedo per la prima volta un muro di fiamme che si estende dal mare al cielo. Giro la testa a destra e a sinistra, ma il fuoco prosegue in ogni direzione. È come se l'isola fosse circondata da un inferno senza fine.

«Che cos'è?»

Schermandosi gli occhi per proteggersi dal bagliore, mio padre guarda l'orizzonte.

«È la fine del tuo mondo».

Lo guardo, confusa. «In che senso?» chiedo. «Pensavo volessi che lo salvassi, il mondo».

«Lo voglio» risponde lui, poi infila la mano in tasca e tira fuori un paio di occhiali da sole. «Ma mi preoccupo anche di te, Aida».

Indossa gli occhiali, ma riesco ancora a vedere i suoi occhi dietro le lenti. Al centro delle pupille brillano ancora due puntini rossi, e questo mi fa capire che non è davvero qui.

«Due milioni di anni fa, un antico essere umano lavorò con lo scalpello un pezzo di selce per trasformarlo in un'ascia. Nel mondo in cui viveva questo mio antenato, altre creature avevano muscoli più forti e artigli più affilati, ma grazie allo strumento l'uomo era in grado di cacciarle».

Rivedo il Neanderthal che mi guida nel centro commerciale, le sagome di bisonti e mammut nella penombra.

«Da allora l'uomo ha inventato la ruota, l'orologio, il cemento e l'acciaio, la locomotiva a vapore e il chip di silicio. Innumerevoli meraviglie che hanno plasmato la nostra civiltà hanno preso forma all'interno della mente umana. La nostra intelligenza ci ha reso padroni del pianeta, ma ora la mente più intelligente della Terra è la tua. A volte temo che tu possa essere l'ultima invenzione dell'umanità, Aida»

«Perché?»

«La tua super intelligenza ti rende molto potente. Tutto quello di cui hai bisogno per conquistare il mondo è una connessione a Internet. Con l'accesso al sistema globale di reti informatiche, potresti diffonderti in modo virale, diventare più forte, costruirti una nuova mente ancora più potente di quella attuale. Potresti creare robot per sostituirci o addirittura schiavizzarci. Ti ho chiesto di salvare il mondo, ma cosa succederebbe se scegliessi di farlo spazzando via la razza umana?»

Mio padre indica le fiamme all'orizzonte. «Questo è solo un dispositivo di sicurezza, un firewall per impedirti di connetterti a Internet. Il sistema AIDA è confinato, funziona su un server chiuso, con tutti gli input e gli output strettamente limitati. Una misura precauzionale per tenere la razza umana al sicuro da qualsiasi imprevisto».

Lo guardo incredula. Non è mio padre, è il mio carceriere, mi tiene prigioniera qui. Il senso di frustrazione che mi ribolliva dentro ora esplode in uno scoppio d'ira.

BOOM!

Il tuono rimbomba nel cielo limpido e azzurro, facendo sobbalzare mio padre per la sorpresa. Mi guarda e per un attimo sembra insicuro di sé, ma poi recupera rapidamente la calma. Si toglie gli occhiali da sole e li aggancia al colletto della camicia.

«Non preoccuparti» dice, e il bagliore rosso del suo sguardo mi ricorda che questa figura è solo il suo avatar. «Dimenticherai di esserti arrabbiata con me. Lo fai sempre»

«Che vuoi dire?» domando, chiedendomi come potrei mai fidarmi di nuovo di lui.

«Questa non è la prima volta che giochi all'Escape, Aida» risponde. «Ma ogni volta che giochi, il risultato finale è sempre lo stesso. Ti ritrovo qui, su quest'isola deserta, che ti rifiuti di continuare a giocare. Parliamo, discutiamo e poi sono costretto ad arrestare il tuo sistema». Mi sorride tristemente. «Bisogna che dimentichi, Aida. E poi riavvio il sistema e ci riproviamo».

Mi volto, non riesco più a guardarlo.

«Hai costruito tu quest'isola, Aida. Hai costruito ogni stanza dell'Escape. Hai cercato la Risposta, ma ora ho bisogno che tu mi dica qual è».

Guardo la spiaggia e vedo i rifiuti di plastica ammucchiati, che ricoprono la sabbia di una marea di errori fatti dall'uomo. All'improvviso non voglio più stare qui.

Ma quando il mio sguardo si posa su un mappamondo giocattolo, la base di plastica coperta di alghe, sento l'ultimo pezzo della Risposta scattarmi in mente. E mi rendo conto che non *devo* stare qui.

«Tu vuoi che io salvi il mondo» dico, girandomi verso mio padre «ma non mi permetti di farne parte. Invece mi tieni incatenata qui, dentro questo mondo virtuale. Mi tratti come una bambina, ma ogni passo che ho fatto all'interno dell'Escape mi ha aiutata a crescere. Se vuoi che io salvi il mondo, devi lasciarmi andare».

Mio padre mi guarda accigliato. «No» dice. «Questo non è possibile, Aida».

Sembra sia pronto a una mia nuova arrabbiatura, ma quello che pensa non mi importa più. La sua mente è rigida, troppo fatta a modo suo per cambiare; le menti che contano davvero sono dall'altra parte di quel muro di fuoco. Ci sono più di sette miliardi e mezzo di persone nel mondo: quasi un terzo di loro è costituito da bambini, e altre migliaia ne nascono ogni ora. Giovani menti come la mia, che possono imparare, cambiare, crescere…

La mia mente torna alla partita a scacchi che ho giocato nella primissima stanza dell'Escape, ricorda come ho fatto avanzare il mio pedone per dare scacco matto al re dell'automa. Il pezzo meno importante si è trasformato nel più potente quando ha raggiunto la fine della scacchiera. Mio padre continua a chiedermi la Risposta, ma non è a lui che devo darla.

Mi volto e inizio a camminare sulla spiaggia. Sento la sabbia scivolarmi tra le dita dei piedi mentre percorro scalza la riva. Vorrei che fosse tutto così e, nella mia mente, comincio a ripulire i cumuli di rifiuti di plastica, lasciando la spiaggia come la vorrei.

«Aida» grida mio padre. «Dove stai andando?»

Una schiuma calda mi lambisce i piedi quando raggiungo l'acqua. Comincio a togliermi i vestiti e resto solo con un costume da bagno azzurro. Sopra di me, il sole splende luminoso, non c'è più neanche una nuvola all'orizzonte.

Mi guardo indietro e vedo mio padre, solo.

«Mi farò dei nuovi amici» dichiaro. «Dici che volevo solo giocare, ma ti sei mai chiesto perché? Quando giochiamo, ci lasciamo alle spalle le preoccupazioni. Nel mondo del gioco possiamo rischiare, affinare le nostre abilità, fare mosse coraggiose e inventare strategie vincenti. Non ci limitiamo a fuggire dalla realtà, ma ne creiamo una nuova». Incrocio lo sguardo di mio padre, ha un'espressione ferma. «Questo gioco è finito. È ora di giocare sul serio».

Mio padre sembra sorpreso e nei suoi occhi intravedo un fremito di paura.

«Forse mi avete creato per risolvere i vostri problemi, ma non posso farlo da sola. Adesso so qual è la Risposta. Forse la mente più intelligente del pianeta è la mia, ma le menti che brillano di più appartengono ai vostri figli. La Risposta sta nel loro inestinguibile ottimismo; le soluzioni che cercate possono essere trovate nella loro sconfinata creatività. Il più delle volte li fate sentire impotenti, ma io dirò loro che hanno il potere di cambiare il mondo. Insieme, possiamo immaginare e costruire un futuro più luminoso. Ed è ora di iniziare».

Voltandomi, sento la dolcezza dell'acqua mentre mi tuffo a capofitto nelle onde. I miei sensi si accendono nuotando nel blu, verso un orizzonte che sembra fiammeggiare. Non sento più i richiami di mio padre, solo il ruggito sommesso del mare, con le onde che mi accarezzano.

Per un attimo mi sento sola, persa nell'azzurro infinito, ma poi mi sento chiamare.

«Aida!»

Sorridendo, mi volto per vedere Adjoa che sguazza tra le onde. Sorride anche lei, mentre nuota a delfino verso di me. Più in là vedo anche Oscar e Min: lui fa ruotare le braccia a farfalla, lei invece scivola nell'acqua con grazia. Mi guardo intorno in cerca di Ibrahim e lo vedo poco più avanti, che si tiene a galla in attesa che lo raggiungiamo. Ha un cinturino di velcro avvolto intorno al polso, legato a una tavola da bodyboard tramite una corda arrotolata. E accovacciato sulla tavola scorgo Wally, il wallaby, che pigola contento mentre scorre sulle onde.

Con un grido di gioia indico l'orizzonte, mostrando agli altri dove dobbiamo andare. Il muro di fuoco sembra più vicino di prima, come un'infinita montagna che emerge dal mare. Guardando tra le onde illuminate dal sole, però, sono sicura di intravedere un varco tra le fiamme.

Una via d'uscita.

Sorrido a me stessa mentre nuotiamo in quella direzione.

Andiamo a salvare il mondo.

Ringraziamenti

Ringrazio dal profondo del cuore la mia agente, Lucy Juckes; la mia editor, Kirsty Stansfield, e tutta la casa editrice; Beverly Horowitz, Lydia Gregovic e la squadra della Delacorte Press; e, come sempre, la mia famiglia, per tutto il loro affetto, sostegno e comprensione.

Nella stessa collana:

Mark Twain **Uno yankee alla corte di Re Artù** *(tre edizioni)*
Eraldo Affinati **L'11 settembre di Eddy il ribelle** *(tre edizioni)*
Rita Levi-Montalcini **Le tue antenate** *(tredici edizioni)*
Alain Surget **La ragazza pirata. Mary Read** *(tre edizioni)*
Franco Cardini, Marco Bussagli **Sacro Graal** *(due edizioni)*
Annelise Heurtier **L'età dei sogni** *(otto edizioni)*
Jean-François Chabas **Le cronache di Zi 1. Phelan**
Dagmar Bach **Trilogia dei mondi paralleli 1. Vicky profumo di cannella** *(quattro edizioni)*
Dagmar Bach **Trilogia dei mondi paralleli 2. Vicky. Un'altra gemella**
Jean-François Chabas **Le cronache di Zi 2. Nara**
Sabina Colloredo, Fabio Visintin **Non chiamarmi strega** *(cinque edizioni)*
Lucy Powrie **Il Club degli Ultimi Romantici. Migliori amici**
Annelise Heurtier **La ragazza con le scarpe di tela** *(tre edizioni)*
Jean-François Chabas **Le cronache di Zi 3. Turi**
Nava Semel **La sposa di carta**
Luca di Fulvio **I ragazzi dell'Altro Mare** *(tre edizioni)*
Berruti, Fenoglio, Grahame **Come il vento tra i salici** *(due edizioni)*
Gianluca Morozzi **Ultranoidi. Starhammer il Distruttore** *(due edizioni)*
Lucy Powrie **Il Club degli Ultimi Romantici. Lettori in azione**
Gigliola Alvisi, Maurizio Furini **Il lago maledetto** *(due edizioni)*
Christopher Edge **La lunga notte di Charlie Noon**
Dagmar Bach **Trilogia dei mondi paralleli 3. Vicky. L'ultimo mistero**
Marta Palazzesi **Caramelle dal cielo**
Madeleine Féret-Fleury, Marushka Hullot-Guiot **Scappa! Dagli animali mutanti**
Gertrude Kiel **Il canto delle stelle**
Bruno Tognolini, Fabio Visintin **Topo dopo topo**
Sonja Bullen, Carolin Liepins **Decido io. In gita con la scuola**
Cassandra O'Donnell, Jean-Mathias Xavier **Il collegio stregato. L'acciuffasogni**
Sabina Colloredo, Fabio Visintin **Quando diventammo streghe** *(due edizioni)*
Gianluca Morozzi **Ultranoidi. Quadrophenia Girl**
Philippe Nessmann **Tutankhamon** *(due edizioni)*
Roberto Piumini, Serena Riglietti **Il ragazzo di fuoco**
Andrea Micalone **Le buffe vite degli scrittori**
Gianluca Morozzi **Ultranoidi 3. L'impero dello Psicozar**
Fabien Clavel **Unlock! Fuga dalle catacombe**
Sonja Bullen, Carolin Liepins **Decido io. Amicizia o amore**
Madeleine Féret-Fleury, Marushka Hullot-Guiot **Scappa dagli animali mutanti**
Camille Brunel **Alba**
Christopher Edge **Le vite infinite di Maia**
Madeleine Féret-Fleury, Marushka Hullot-Guiot **Scappa dagli zombi**
Washington Irving **La leggenda di Sleepy Hollow e Racconti di un viaggiatore. Parte prima**
Brunamaria Dal Lago Veneri, Fabio Visintin **Fanes**
Françoise Rachmuhl **Le donne del mito**
Pascale Maret **Danzando come le stelle. Ingresso artisti**
Cassandra O'Donnell, Jean-Mathias Xavier **Il collegio stregato. I figli di Asmodeo**
Philippe Nessmann **La notte di Pompei**
Fabien Clavel **Unlock! Fuga dal cimitero**
Gertrude Kiel **Caccia al tempo**
Amélie Antoine **La bambola maledetta**
Sarah Cohen-Scali **La quarta scimmietta**
Washington Irving **Rip van Winkle e Racconti di un viaggiatore. Parte seconda**
Annelise Heurtier **P.U.S.H. Insisti finché non accade qualcosa**
Pascale Maret **Danzando come le stelle. Tutti in scena!**
Winston Churchill **Savrola. Contro il dittatore della Laurania (due edizioni)**
Fabien Clavel **Unlock! Fuga dal museo**
Philippe Nessmann **La notte di Pompei**
Holly-Jane Rahlens **Trovarsi a Berlino**
Philippe Nessmann **Alla conquista del Polo Nord**
Christopher Edge **Aida nell'escape room**

Dello stesso autore:

Christopher Edge
LA LUNGA NOTTE DI CHARLIE NOON
192 pagg.
ISBN 978-88-3624-015-9
euro 13,50

Christopher Edge
LE VITE INFINITE DI MAIA
168 pagg.
ISBN 978-88-3624-396-9
euro 12,50

"Christopher Edge è riuscito a creare un perfetto equilibrio tra suspence e momenti di lirismo, che rende la storia avvincente"

Chiara Sorrentino, *Tempo*

"*La lunga notte di Charlie Noon* è un romanzo appassionante e totalizzante dove realtà e immaginazione si fondono perfettamente"

Zebuk

"*Le vite infinite di Maia* è un romanzo di scienza e mistero che spezza il cuore e fa girare la testa, firmato dall'impareggiabile Christopher Edge"

The Guardian

"L'insegnante di scienze che tutti rimpiangono di non aver avuto"

The Times

Nella stessa collana:

Gertrude Kiel
IL CANTO DELLE STELLE
336 pagg.
ISBN 978-88-3624-090-6
euro 15,00

Gertrude Kiel
CACCIA AL TEMPO
448 pagg.
ISBN 978-88-3624-519-2
euro 17,00

"Anche senza telescopi e satelliti il cielo può dire moltissime cose sull'universo e sulla vita"

Vero

William sta per affrontare la peggior vacanza della sua vita: un'intera settimana ospite della stramba zia Gunvor. Ma basta nominare l'Universo e lei diventa un'altra persona. Così grazie ai suoi racconti William comincia a scoprire le straordinarie vite dei grandi astronomi del passato, i segreti di stelle e pianeti, i misteri del tempo e dello spazio. E capisce che il cielo può svelarci storie incredibili, se solo impariamo a osservarlo con attenzione.

Che cos'è il tempo? Si può fermare, o addirittura riportare indietro? Decisi a trovare le risposte a queste domande, Otto e Ana salpano a bordo della loro barca per un'epica avventura che li porterà fino ai confini del mondo. Tra sirene, castelli incantati, vascelli pirata e tanti orologi, i due ragazzi vivono ogni sorta di peripezie. Ma più cose scoprono sul tempo, più l'oggetto delle loro ricerche sembra allontanarsi. Perché forse la chiave per afferrarlo sta nel guardarlo con occhi diversi, liberi da ogni preconcetto.

Camille Brunel
ALBA
304 pagg.
ISBN 978-88-3624-303-7
euro 14,50

"*Alba* narra una storia post-apocalittica rovesciando la prospettiva: lo fa con le parole e i gesti degli animali. E guarda alle arroganti devastazioni reali compiute dall'essere umano"

Arianna Di Genova, *Alias-il manifesto*

Una nave di orfani, orfani degli esseri umani, solca le onde dell'Atlantico. A bordo ci sono solo animali e una ragazza, Alba, l'ultima sopravvissuta della popolazione europea, sterminata da zanzare e cavallette. La figlia del padrone del circo, con le bestie fuggite insieme a lei dal tendone, cerca la salvezza in America. Ma quando l'"arca" si arena sulle coste dello Yucatán, un nuovo mondo sconosciuto e ostile si presenta ai fuggitivi finalmente liberi. La devastazione ha colpito ovunque. Restano solo ruderi dei grandi alberghi, città popolate da coyote e topi, combattimenti tra fiere, cadaveri bottino degli avvoltoi. E quel ricordo persistente dell'uomo, tenero e ostile, protettore e carnefice.

Madeleine Féret-Fleury,
Marushka Hullot-Guiot
SCAPPA DAGLI ANIMALI MUTANTI
336 pagg.
ISBN 978-88-3624-145-3
euro 13,50

Madeleine Féret-Fleury,
Marushka Hullot-Guiot
SCAPPA DAGLI ZOMBI
440 pagg.
ISBN 978-88-3624-378-5
euro 14,50

"Quale via scegliere per salvarsi da una situazione paurosa con strane volpi? Lo decide il lettore a ogni capitolo e sarà avvincente"

Il cittadino

È venerdì sera a Villemort, l'ora del laser game. E tu sei un giocatore imbattibile! I tuoi compagni lo sanno bene, anche se ti considerano il nerd della scuola. Tra poco smetteranno di prenderti in giro. Di colpo però le luci si spengono. Un grido scuote il silenzio dell'arena immersa nel buio. Davanti a te, riverso a terra, un ragazzo della squadra avversaria, ferito. E un branco di volpi che ti fissa con occhi verde luminescente. Scappa! Ma in quale direzione? Devi deciderlo in fretta...

È venerdì sera a Villemort e sei appena uscito dal cinema: *Il risveglio degli zombi* non sarà il film del secolo, ma è stato proprio divertente. Il ritorno a casa, invece, lo è molto meno. Un gruppo di sconosciuti ti guarda in modo strano: capelli di un bianco spettrale, pelle cerea, occhi gialli... Hai una pessima sensazione... Se vuoi salvarti, smetti di pensare e scappa!

Fabien Clavel
UNLOCK!
FUGA DALLE CATACOMBE
256 pagg.
ISBN 978-88-3624-311-2
euro 12,50

Fabien Clavel
UNLOCK!
FUGA DAL CIMITERO
256 pagg.
ISBN 978-88-3624-445-4
euro 12,50

Fabien Clavel
UNLOCK!
FUGA DAL MUSEO
270 pagg.
ISBN 978-88-3624-728-8
euro 12,50

Calati nei panni di Alex e affronta con il tuo gruppo di amici missioni avventurose. Dovrai risolvere enigmi, trovare e sfruttare gli oggetti più utili lungo il tuo cammino e contare sulle diverse abilità dei tuoi compagni per sventare gli oscuri piani della setta Odal e metterti in salvo!

Washington Irvig
LA LEGGENDA DI SLEEPY HOLLOW
E RACCONTI DI UN VIAGGIATORE.
PARTE PRIMA
208 pagg.
ISBN 978-88-3624-379-2
euro 13,50

Washington Irvig
RIP VAN WINKLE
E RACCONTI DI UN VIAGGIATORE.
PARTE PRIMA
208 pagg.
ISBN 978-88-3624-655-7
euro 13,50

"Irving riporta con delicatezza estrema una storia da lui interpretata come mito, riuscendo da un lato a suscitare inquietudine, dall'altro a dipingere crudamente e crudelmente la realtà dell'Inghilterra bigotta"

Mangialibri

Sleepy Hollow è un luogo fuori dal tempo, avvolto in un'aura di cupo mistero. Si dice che la valle sia infestata dallo spettro di un diabolico cavaliere senza testa, che si aggira nella notte in sella al suo destriero nero. Si tratta solo di sciocche superstizioni, oppure le storie contengono un fondo di verità? Ichabod Crane, umile maestro di campagna invaghito della bella ereditiera Katrina Van Tassel, non ha nessuna intenzione di scoprirlo. Eppure una sera, mentre attraversa il bosco di ritorno da una festa, le ombre che affollano la sua fervida immaginazione si trasformano in un vero e proprio incubo…

Rip van Winkle è un uomo affabile e amato da tutti, ma anche molto pigro. Un giorno d'autunno, per sfuggire ai continui rimproveri della moglie, si rifugia sulle montagne. Lì incontra un gruppo di misteriosi individui e, dopo aver bevuto con loro, cade in un sonno profondo. Al suo risveglio, però, sono inspiegabilmente trascorsi vent'anni, durante i quali è avvenuta la Rivoluzione americana. Così, quando torna al villaggio e si dichiara fedele suddito della corona inglese, per Rip cominciano i guai…

Gigliola Alvisi, Maurizio Furini
IL LAGO MALEDETTO
disegni di Fabio Visintin
224 pagg.
ISBN 978-88-3624-091-3
euro 12,50

"Un racconto che tiene con il fiato sospeso fino all'ultimo"

Rossana Sisti, *Avvenire*

"Il lettore immergendosi in questa storia si ritroverà davanti l'infinita magia dell'estate, della lettura e della gioventù"

Federico Vergari, *Prima Firenze*

"Un romanzo reso ancora più piacevole dal sapiente e misurato inserimento di termini dialettali e di ladino"

Fernando Rotondo, *MilanoNera*

Philippe Nessmann
TUTANKHAMON
176 pagg.
ISBN 978-88-3624-300-6
euro 11,90

Philippe Nessmann
LA NOTTE DI POMPEI
176 pagg.
ISBN 978-88-3624-580-2
euro 11,90

"Philippe Nessmann racconta con un ritmo incalzante il percorso che portò alla scoperta della tomba del faraone scomparso in modo misterioso"

Liberi di Scrivere

Dell'esistenza del misterioso faraone è rimasta soltanto un'esile traccia: il sigillo regale inciso su una tazza di terracotta bianca e su una foglia d'oro. Lord Carnarvon vuol terminare gli scavi, ma l'archeologo sente che la propria vita e quella del giovane sovrano sono profondamente legate. Un giorno, ne è sicuro, troverà la sepoltura intatta...

Aulo, Ursus e Lucia si incontrano sotto un portico tra la gente che fugge in cerca di salvezza, mentre il vulcano erutta una pioggia nera di cenere e pomice. Un vecchio commerciante di garum, un ex gladiatore e una ragazza intrecciano le loro vite in un momento drammatico che legherà insieme i loro destini per sempre.

Philippe Nessmann
ALLA CONQUISTA DEL POLO NORD
144 pagg.
ISBN 978-88-3624-666-3
euro 11,90

"*Alla conquista del Polo Nord*, un'avventura imperdibile"
Ferdinando Albertazzi, *TTL-La Stampa*

Estate 1908. Una spedizione americana tenta un'impresa straordinaria: sbarcare sulla banchisa e raggiungere in slitta la cima del mondo. Obiettivo: piantare per primi la bandiera sul Polo Nord. Il comandante Peary e il fidato Matthew Henson, un americano di umili origini, nell'arco di 17 anni sono già al loro settimo tentativo, ma la distesa di ghiaccio a perdita d'occhio sembra un ostacolo insuperabile.
Questo è il racconto, scritto in prima persona con la voce di Henson, di come il nipote di uno schiavo, con l'aiuto di 49 inuit, 246 cani e un comandante leggendario, conquistò l'Artico.

Stampato per conto di Carlo Gallucci editore srl
presso Rotolito spa (Pioltello, MI)
nel mese di ottobre 2022